MITOS + LEYENDAS

Ilustraciones de Juan Palomino * Textos de Analía Sivak

NÓRDICOS

ALMA

Índice

La forja de la cultura del norte de Europa

La mitología nórdica apenas necesita presentación y, sin embargo, muy poco se sabe realmente sobre ella, ya que no existe un corpus de fuentes inabarcable como sí sucede en otras mitologías. La religión, las creencias, las historias y leyendas que los hombres y las mujeres del norte de Europa tejieron hace ya más de mil años son tan fascinantes como esquivas para quienes se dedican a investigarlas.

La conocida como era vikinga tuvo lugar en el norte de Europa desde mediados del siglo VIII hasta mediados del siglo XI. Su epicentro se localiza en Noruega, Suecia y Dinamarca, aunque su influencia se expandió por Islandia, Groenlandia y todos aquellos territorios que los vikingos colonizaron y en los que difundieron sus creencias y sus historias. Éstas, sin embargo, se habían modelado mucho antes. De hecho, las primeras inscripciones rúnicas y representaciones del dios Odín, la divinidad principal del panteón nórdico, pueden rastrearse desde el siglo V, casi trescientos años antes. Se han hallado en *bracteatos* de oro, un tipo de medallón muy habitual entre los germanos en Escandinavia en el que se imitaban las efigies de los emperadores romanos del Bajo Imperio.

Y es que el corpus de creencias, mitos y leyendas nórdicas no es obra —o no en gran medida— de los propios vikingos. Los hombres y mujeres del norte fueron una sociedad cuasi ágrafa, es decir, apenas dejaron nada por escrito. Poseían un sistema de escritura, el alfabeto rúnico o *futhark*, cuyo origen es anterior a la era vikinga. No obstante, su utilidad era eminentemente funcional. Existen algunas inscripciones rúnicas que dejan información interesantísima y de gran valor para la investigación, pero también muy escasa, pues ahí no están recogidos, por desgracia, sus mitos. Éstos tuvieron que esperar a que la literatura nórdica medieval los pusiese por escrito mucho tiempo después, cuando ya no había vikingos. Y esta literatura tiene sus protagonistas.

Conocemos cómo se creó el mundo en el que vivían los vikingos y en qué creían, quiénes eran las valquirias, que Thor era pelirrojo o que Freya era casi tan poderosa como Odín, gracias en buena medida a la obra del islandés Snorri Sturluson (1178/9-1241). Historiador, escritor, poeta y jurista, llegó a ser la persona más rica e importante de Islandia y se codeó con la mismísima corte del rey noruego Haakon IV (1217-1263). Sin embargo, sus días no terminaron con tanta gloria, pues su intento de navegar entre dos aguas y contentar tanto a islandeses como a noruegos —quienes intentaban que los primeros les jurasen dependencia— desembocó en su asesinato.

Fue en la corte noruega donde Sturluson desempeñó buena parte de su faceta como historiador, escritor y recopilador de la tradición oral nórdica. Hacia el año 1225 Snorri escribió la *Saga de los Ynglingos*, donde recopilaba la historia de los reyes de Noruega y la ligaba a un pasado legendario y mitológico que los entroncaba con los dioses nórdicos y cuyos protagonistas, los ynglingos, enlazaban directamente con los descendientes de Beowulf, héroe del poema épico anglosajón homónimo. La de los Ynglingos era una saga que servía de preámbulo para la *Heimskringla* o *Crónica de los reyes nórdicos*, obra publicada en el mismo año y en la que Sturluson relataba cuatrocientos años de historia de Noruega y sus monarcas, hasta finales del siglo XII con el reinado de Magnus V.

Un tiempo antes, se cree que hacia el año 1200, Sturluson había escrito su obra más famosa, la *Edda menor* o *Edda prosaica*, también conocida como la *Edda de Snorri*, una suerte de manual o compilación de mitología nórdica que aglutinaba una enorme variedad de fuentes orales tanto en prosa como en verso. Este libro, titánico para su época, está dividido en partes: las más importantes son *Gylfaginning* o *La alucinación de Gylgfi*, *Skáldskaparmál* o *Dichos sobre poesía*, y *Háttal*. En las dos primeras, Snorri narra una serie de mitos nórdicos, como el rapto de la diosa Idún y sus manzanas, los combates de Thor contra los gigantes o el relato de cómo los dioses nórdicos adquieren sus objetos mágicos; en la última realiza una explicación exhaustiva sobre los tipos de versos utilizados en la poesía nórdica. Porque Snorri, entre otras cosas, era un poeta, un escaldo.

La poesía escáldica, que es mucho más antigua que la obra de Snorri, era la lírica de la aristocracia vikinga, pues se recitaba especialmente dentro de las cortes de reyes y grandes líderes nórdicos. Amén de una métrica y una sintaxis que hoy se tildaría de exquisitamente elaborada, su particularidad residía en el uso de figuras retóricas como la aliteración o las *kenningar*, especie de metáforas utilizadas para describir personajes, objetos, ideas o hechos que utilizan elementos de la propia cultura nórdica: así, por ejemplo, la *kenning* para poesía era «el licor de Odín»; para el oro era «las lágrimas de Freya» o «el cabello de Sif»; y las gaviotas eran «los cuervos del agua».

La *Edda* de Snorri nace, de hecho, de la necesidad de registrar personajes, hechos, nombres y creencias para poder seguir comprendiendo las *kenningar* de esa poesía escáldica. Es de suponer que subyacía también un interés genuino en las propias creencias de un mundo anterior al suyo, pagano y lejano, pues sólo el número de sagas nórdicas que han llegado hasta hoy en día desde el siglo XII es abrumador. La *Edda menor* se considera la mayor, más completa y más detallada fuente que existe actualmente para conocer la mitología nórdica. Sin embargo, su relato no está exento de problemáticas como fuente historiográfica. Sin él no hay apenas información, pero, como sucede con toda la literatura nórdica medieval, su lectura, su interpretación y su veracidad son, cuando menos, complicadas.

Al margen de la obra de Snorri, otra gran fuente histórica es la *Edda mayor*, un compendio de poemas cuya mayoría está recogida en el manuscrito islandés conocido como *Códex Regius*. Se cree que se escribió en el siglo XIII, aunque los poemas son muy anteriores. El nombre de «mayor» en comparación con la «menor» de Snorri hace referencia a que contiene los poemas originales o primarios que el escritor islandés utilizó y versionó en su obra. Existen distintas ediciones, algunas de las cuales incluyen poemas que no aparecen el *Códex Regius*, y la más importante es la *Völuspá*, *La profecía de la vidente*, un relato en el que una völva, una hechicera o profetisa, le desvela a Odín todos los secretos del universo desde su creación, la de todas las criaturas que lo habitan y su inminente e imparable destrucción. Es aquí donde puede leerse sobre el Ragnarök, el destino de los dioses, el fin del mundo nórdico, piedra angular no sólo de su mitología sino de su propia idiosincrasia como pueblo.

A partir del siglo XV, la literatura nórdica medieval, que se había compuesto casi en su mayoría en nórdico antiguo, cayó parcialmente en el olvido, hasta que en el siglo XIX un renovado interés surgido de la mano de movimientos como el nacionalismo y el romanticismo escandinavo rescató estos relatos, que se tradujeron a las lenguas nórdicas modernas y al inglés. Importante trabajo de traducción y recopilación llevaron a cabo folcloristas escandinavos —poetas, escritores, pintores, ilustradores y hasta anticuarios— como Peter Christen Asbjørnsen (*Norske Folkeeventyr*) o Reidar Thoralf Christiansen (*Folktales of Norway*) en Noruega; Bo Gunnar Almqvist (con la revista *Tidsskrift for Nordisk folkeminneforskning*) o Brita Egardt (*Schwedische Volkskunde. Quellen. Forschung. Ergebnisse*) en Suecia, o Svend Grundtvig (*Gamle danske minder i Folkemund*) y Henning Frederik Feilberg (con la sociedad *Danmarks Folkeminder*) en Dinamarca. En el siglo XX, de la

Historia, convertida ya en disciplina académica, proceden grandes investigadores como Rudolf Simek, John Lindow o Hilda R. Ellis Davidson. Y en español las antologías más emblemáticas vinieron de la mano del escritor argentino Jorge Luis Borges o los editores Luis y Jesús Lerate. En los últimos años, un nutrido grupo de académicos como Enrique Bernárdez, Mariano González Campos o Santiago Ibáñez Lluch han traducido buena parte de la literatura nórdica medieval al castellano desde el nórdico antiguo y han publicado sendos ensayos sobre mitología.

Más allá de la literatura, el resto de las fuentes de la mitología nórdica son escasas, pero muy interesantes. Existen algunas piedras pictóricas de la época vikinga, como las de la isla de Gotland o las de la zona de Uppland, ambas en Suecia, donde aparecen representados algunos mitos, como el de Thor dando caza a la serpiente de Midgard, Jörmungandr. No obstante, si se han identificado estos mitos es porque existe información literaria que los explica. Sin embargo, existen otras representaciones pictóricas parcial o totalmente indescifrables, tal vez porque sus protagonistas o esos relatos no aparecen —o no lo suficientemente desarrollados— en las fuentes escritas. Un ejemplo serían la cantidad de figurillas antropomorfas que se asemejan a mujeres armadas, especialmente con espadas y escudos, y que se han identificado con las valquirias. Podrían serlo, por supuesto, pero también podrían ser mujeres guerreras sin relación alguna con la mitología. O algo que jamás logremos descifrar. La magia de la Historia también reside en lo desconocido.

La mitología nórdica que ha llegado a nuestros tiempos está compuesta no sólo de mitos, sino también de cuentos y leyendas. En el caso de los primeros, tratan generalmente sobre hechos y personajes sobrenaturales, y el contexto no es un aspecto fundamental, ya que no poseen apenas base histórica. Son relatos que proceden sobre todo de las *Eddas*, donde los protagonistas son deidades como Odín, Thor o Freya y otros seres sobrenaturales como el archiconocido Loki, enanos, elfos o gigantes. En el caso de las leyendas se hace referencia a aquellas historias que se hallan en fuentes como las sagas nórdicas. Estos relatos introducen hechos y personajes hasta cierto punto reales, que podrían haber existido, aunque se encuentren rodeados y adornados de seres fantásticos, como dragones, fantasmas o espadas flamígeras. En ellos se tratan temas más cotidianos y terrenales en los que el contexto, si bien puede estar inventado y no corresponderse totalmente con la realidad histórica, sí es importante, tanto en lo espacial como en lo geográfico. Los protagonistas son héroes —o antihéroes— y heroínas que no tienen especial relación con la mitología, pero muchos sí con el mundo fantástico, como sabios, hechiceras, doncellas escuderas o valquirias.

A tenor de lo anterior, la presente selección intenta recoger una muestra significativa de ambos mundos: el de los mitos y de los cuentos y leyendas. Para establecer la selección, se han combinado historias extraídas de las *Eddas* con historias y personajes que aparecen en las sagas nórdicas, dando lugar a nueve mitos y leyendas, como nueve eran los mundos que pendían del Yggdrasil, el árbol de la vida en el que creían los hombres y mujeres del norte de Europa, y que dan comienzo con *Odín y la obtención de la sabiduría*, un viaje por los esfuerzos y los enormes sacrificios físicos a los que se enfrenta el principal dios de la mitología nórdica para convertirse en el ser más sabio del universo a cualquier precio.

E igual de importantes que los dioses son algunas de sus más preciadas posesiones. *Los tesoros de los dioses* presenta a otros de los personajes más oscuros de la mitología nórdica, los enanos. Éstos, herreros tan mágicos como interesados y misteriosos, son los creadores de los objetos maravillosos que poseen los dioses, como el mismísimo Mjölnir, el martillo de Thor, o Gungnir, la lanza de Odín.

La muralla de Asgard, por su parte, presenta en todo su esplendor los tejemanejes de Loki, uno de los personajes más ambiguos y que más dudas historiográficas suscitan en la mitología nórdica, pero sin el cual es casi imposible comprenderla. Loki es la piedra angular de buena parte de estos mitos e historias, desde divertidas e ingenuas travesuras que ponen en jaque a los dioses hasta verdaderas catástrofes que abocarán sin remedio al Ragnarök, el fin del mundo en la mitología nórdica.

En el imaginario nórdico los mundos que penden del Yggdrasil no son herméticos, los dioses viven en constante contacto con los habitantes de otros de esos lugares, como los humanos y los gigantes. Especial relación tienen estos dos grupos con Thor, el dios del trueno, pues es el guardián de los primeros y el gran enemigo de los segundos. Un excelente mito para observar estas interacciones es el de *Thor en el reino de los gigantes*, donde además también se vislumbran las moralejas que subyacen detrás de estas historias. La mitología no era sólo entretenimiento de las gentes del pasado, sino que también modelaba sus mentes.

El dramatismo que suele imperar en los mitos en los que Odín es el protagonista se rompe en *El robo del martillo*, para presentarnos una de las historias donde mejor puede palparse el sentido del humor, ácido y agudo, de los vikingos y en la que se aprecia el comportamiento mundano y terrenal que tenían sus dioses, muy alejado de las deidades de otras mitologías. Los dioses nórdicos son mortales, temperamentales y, en numerosas ocasiones, deben llevar a cabo actos poco honrosos y vergonzantes para conseguir vencer a sus enemigos.

Y no sólo los seres sobrenaturales son importantes en el mundo mitológico escandinavo, sino que también los humanos tienen buena presencia. *Hervör y la espada mágica* es una historia que bebe de la *Saga de Hervör*, y es el único relato de este tipo que tiene como protagonista a una mujer, una *skjaldmö* o doncella guerrera, una figura semilegendaria. Es un relato que presenta a Hervör en la búsqueda de una de las armas más conocidas de la literatura nórdica, la espada Tyrfing, así como su vida de guerrera y todos los problemas a los que debe enfrentarse como mujer por haber escogido ese destino.

Thorbjorg, la pequeña völva también es parte de una saga, la de Erik el Rojo. Las de esta saga islandesa o *Islendingasögur* son narraciones que describen sucesos acontecidos durante el asentamiento de los vikingos en Islandia a lo largo de los siglos X y XI, proceso que llevó aparejada la colonización de una tierra inhóspita en la que sus protagonistas debieron acogerse a toda la ayuda posible, incluida la magia encarnada en la figura de la völva, la profetisa o hechicera nórdica, que practicaba el *seiðr*, un tipo de destreza que incluía elementos chamánicos, hechicería y adivinación con fuertes conexiones *sami* o laponas. En la historia se presenta el prototipo de völva, una mujer mayor y errante que viaja por el territorio y llega a las casas de aquellos que la invocaban y podían pagar por ello.

Muchos de los mitos nórdicos se han reproducido o adaptado a otros períodos y momentos, lo que sucede en *La valquiria Brunilda y Sigfrido*, una narración que bebe de la saga de los Volsungos, otra de las *fornaldarsögur*, sagas legendarias o de los tiempos antiguos. Esta valquiria que desafiará a Odín es uno de los personajes principales junto a Sigfrido, quien mata al dragón Fáfnir, de una de las historias más trágicas de la literatura nórdica, con ecos de esas leyendas de amantes malditos. Este relato es la versión arcaica de la archiconocida epopeya germánica *El cantar de los nibelungos*, que en el siglo XIX inspiraría a Richard Wagner para componer sus óperas y que ayudaría a crear la imagen canónica y fascinante de las valquirias con armaduras a lomos de caballos alados.

Termina la selección con *Beowulf y Grendel*, la primera parte de *Beowulf*, un poema épico anglosajón. Su interés radica en que, si bien es de origen anglosajón, desarrolla la acción en la Dinamarca previkinga, enlazando así la historia de Inglaterra con la de Escandinavia tras las invasiones de anglos, jutos y sajones en los siglos V y VI después de la decadencia romana. Estos nuevos habitantes llevaron, entre otras muchas cosas, sus creencias y su folclore a las islas británicas y eso se materializó en relatos como éste. En esta primera parte el héroe debe vérselas con uno de los seres más típicos del folklore nórdico, el trol.

Narrados de manera fresca, amena y respetuosa con las fuentes originales, los relatos de esta selección son una magnífica puerta de entrada a la mitología nórdica y los protagonistas de los mitos, cuentos y leyendas que modelaron las mentes de los hombres y las mujeres del norte. Y que, afortunadamente, podemos seguir disfrutando hoy.

Laia San José Beltrán
Historiadora experta en cultura y mitología nórdica

ODÍN Y LA OBTENCIÓN DE LA SABIDURÍA

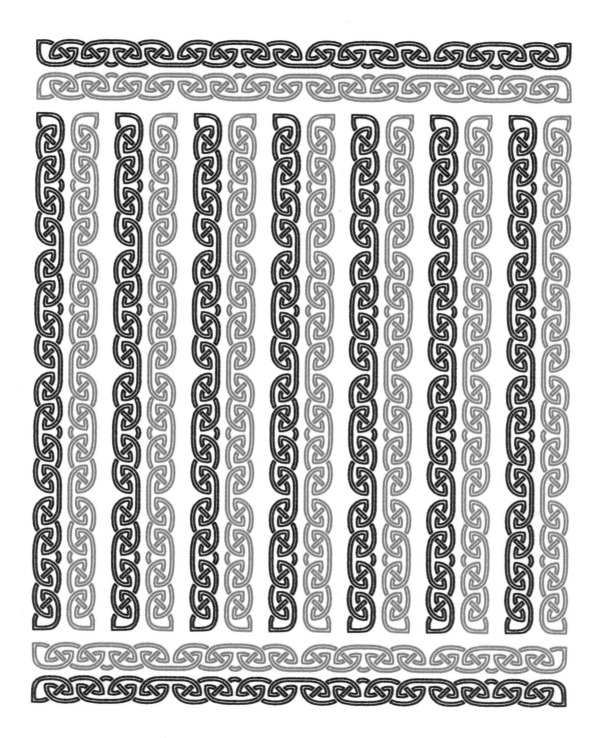

Hubo un tiempo sin tiempo y sin dioses. Hubo un tiempo antes del fresno Yggdrasil que da la vida y mantiene unido el universo en un orden primordial. Hubo un tiempo en el mundo en el que sólo había un abismo helado llamado Ginnungagap. Allí, donde aparentemente no había límites, pero, en realidad, existían, las formas del paisaje las definía la magnitud del frío. Las aguas fluían hasta convertirse en hielo y las montañas blancas acaparaban la enormidad. Hasta los vientos parecían detenerse por la densidad que todo lo congela. El paisaje glacial inundaba la eternidad. Nada ni nadie conocía sus límites y nada ni nadie, en realidad, podría conocerlos jamás.

El frío de ese espacio, un hueco dentro del vacío, no habría podido ser soportado por seres de ninguna especie conocida. Nadie oía el ruido del congelamiento ni las fracturas del hielo al caer. Nadie había sentido nunca el crepitar de lo helado ni la furia de las aguas al congelarse. No hubo oído que tuviera acceso a los sonidos del frío ni ojos que pudieran percibir la blancura infinita.

En un extremo del abismo estaba Niflheim, el reino de la oscuridad helada y las tinieblas; en el otro, se hallaba Muspelheim, el reino del fuego, donde el calor devoraba el aire y los volcanes lo iluminaban todo, puesto que nadie conocía todavía el sol. Ambos, Niflheim y Muspelheim, crecían sin control, sin tener en cuenta los límites de sus descomunales extensiones.

Hasta que, en un instante impreciso, todo cambió. El aire caliente había tocado el hielo. Lo que había estado separado empezaba a unirse. El hielo se derretía por el calor y el vapor destructor quiso abrirse camino. Del choque entre ambos surgió Ymir, el coloso de hielo que iba a ser el padre de todos los gigantes, y de las gotas que cayeron a partir del hielo fundido se formó Audumla, la vaca primigenia.

Audumla se alimentó del hielo de Niflheim, lamiendo pedazos de sal y escarcha, mientras los témpanos comenzaban a derretirse. Audumla amamantó a Ymir, y así dio alimento al primer ser de una estirpe que pronto comenzaría a poblar las tierras del frío. El tamaño de Ymir aumentó hasta superar el de las montañas.

Como desplazarse le suponía descomunales esfuerzos, pasaba mucho tiempo dormido, con el cuerpo encogido y la cabeza entre las piernas, y sólo cuando tenía hambre se incorporaba e iba en busca del alimento que le daba su hermana. Y, cuando caminaba, de los restos de hielo que dejaba su colosal organismo nacían otros seres, gigantes de hielo que empezaron a poblarlo todo y que también buscaban a la vaca Audumla para ser amamantados.

Ymir, desde la lejanía de las alturas de las montañas donde vivían todos los gigantes, veía a su hermana Audumla, la vaca que amamantaba a los seres del mundo, pero que también lamía el hielo, hasta que despojaba a las piedras de todo rastro de escarcha y comenzaba a repasar las piedras con su lengua. Y entonces descubrió en las rocas la forma de una cabeza, que poco a poco fue la de un dios. Lamiéndolo, lo liberó. Era el dios Buri. Y de la tierra también nacería Bor. Así también comenzaba la historia de un linaje grandioso que se extendería en el universo y en el tiempo.

Y de Bor y de la gigante Bestla, también surgida de la tierra, nació Odín, el furioso, el que iba a ser padre de todos los dioses, que superó en fuerza a sus progenitores, a los que pronto derrotó también en inteligencia.

Odín había iniciado su existencia con la sed infinita del saber y el ardor inextinguible de la rabia. El equilibrio entre la sabiduría y lo frenético moldearía al dios en el conocimiento, la magia y la poesía: era el ser destinado a la creación.

Creció junto a sus hermanos menores Vili y Ve, contemplando desde la distancia las tinieblas de Niflheim. Entre los tres hermanos mataron a Ymir y el cuerpo roto del gigante se diseminó por el mundo, arrastrado por el maremoto que formó su sangre. Ésta expandió los océanos hacia las fronteras de la tierra, donde ahora reposaban algunos de los restos de Ymir, y en el centro de todo quedó una extensión que llamaron Midgard. Con la carne del gigante hicieron tierra firme; con los huesos y los dientes, rocas y acantilados; con la sangre y el sudor, las aguas; con su cráneo, la bóveda del cielo; y con el cerebro, las nubes.

Buscaron brasas de Muspelheim para iluminarlo todo y, entre ellas, escogieron al sol y a la luna, que montaron sobre carros que recorrerían el cielo, cambiando los colores del mundo y mostrando todo lo que antes no podía verse. Así crearon el tiempo.

Luego los hermanos encontraron dos troncos, uno de olmo y otro de fresno. Vili, ayudado por Ve, utilizó un cuchillo para tallar la madera hasta que de ella surgieron poco a poco dos criaturas parecidas a ellos. Vili les dio ojos, oídos y labios para que vieran, oyeran y hablaran, y Ve diferenció sus cuerpos para que de ellos brotara la vida por sí sola, aunque no fue hasta que intervino Odín y besó a las criaturas que éstas tuvieron aliento. Sólo entonces les dio nombre: Ask y Embla, a partir de los que crecería y se extendería la raza de los humanos, bajo la protección de los dioses. Y Odín, el Padre de Todos, les entregó Midgard.

*

La barba del dios se volvió blanca cuando los mundos todavía eran jóvenes, y fue entonces cuando Odín sintió la necesidad de partir. El saber no reside en la quietud, pensó, y por grande que fuese su poder, de él no había partido la creación. Rodeado del frío del paisaje, sentía dentro el ardor de la curiosidad. Debía ir más allá de las fronteras de su mundo y de sus pensamientos. ¿Qué necesitaba saber y por qué? ¿Para qué? ¿Qué se hace con la sabiduría? Las preguntas avivaban su mente y empujaban el recorrido de su viaje.

Odín necesitaba adquirir ese conocimiento para transformarse en el primer ser del universo que conocería pasado, presente y futuro.

Odín, hijo de Bor, daba pasos inmensos. Caminaba contra la voluntad del viento. Era una mancha oscura que avanzaba rajando la nieve. Sobre sus hombros se posaron dos cuervos: Hugin, el pensamiento, de un lado; Munin, la memoria, del otro. Entre ambos le dieron pistas para hallar el mejor camino. Por momentos las aves lo dejaban, volaban buscando nuevas y diferentes puntos de referencia. Después volvían a los hombros del dios y le susurraban las noticias. Hugin le señalaba el camino; Munin lo obligaba, cada tanto, a mirar hacia atrás.

Odín comenzó el viaje con un cuervo en cada hombro y los lobos Geri y Freki avanzando a su lado. Odín les entregó a ellos toda la comida en la mesa. Voraces y codiciosos, se alimentaron tragando más de lo que podían digerir.

El dios marchaba con pasos firmes. Su barba blanca se perdía en la blancura del paisaje. Su capa negra parecía oscurecer la claridad que atravesaba. Caminaba impulsado por su deseo de encontrar a esos espíritus femeninos que, día a día, tejían y destejían los hilos del porvenir en el lugar más protegido de Asgard, la fuente del destino. Muy pronto llegó allí de donde brota el agua que da de beber a Yggdrasil, de donde procede el líquido que se desliza por las raíces del fresno y le da vida. Las encargadas de regarlo son las nornas, las mismas que entrelazan los hilos que marcan el rumbo de los dioses y de los hombres. Son las que deben decidir si cada ser vivirá feliz o desdichado, y sus decisiones jamás podían revocarse. Cada hilo de su telar representa la vida de un ser y la longitud de ese hilo es la duración de esa vida. Pasado, presente y futuro no pueden existir por separado.

Las nornas son tres: Urdr, que fija lo que ha ocurrido; Verdandi, que determina lo que está pasando; y Skuld, que define lo que debe suceder. Odín ansiaba conocer los hilos y secretos de esa extraordinaria trinidad.

El Padre de Todos había atravesado mundos, caminando sin pausas, evadiendo las tormentas, avanzando contra el viento. Bajó hasta las profundidades y, finalmente, acercándose a la raíz de Yggdrasil, solicitó la entrada sin pronunciar palabra. El árbol se abrió y le dio paso a una estancia de techos altos que cobijaba un pequeño lago. Sobre éste, caían pequeños filamentos resplandecientes. Los hilos de las nornas.

«Lamento que nos hayas buscado, hijo de Bor. Debes irte», resonó en la caverna una dulce pero severa voz, y Odín hizo amago de retroceder, pero la cabeza se lo impidió; y después se oyó «Marcha, Odín, vete con tu anhelo», y el Padre de Todos dudó; y a continuación «Aléjate, aléjate de la fuente del destino, insensato». Pero el dios se recompuso y pronunció:

—Soy Odín, el Padre de Todos. Yo soy quien acabó con Ymir, de cuyos restos se ha formado la tierra. Soy del que provienen el sol y la luna, el mismo que dio vida a los hombres. Debéis escucharme, nornas, diosas del destino.

Ante él aparecieron tres mujeres envueltas en túnicas blancas y coronadas por largos cabellos.

—Lamento que nos hayas buscado, hijo de Bor. Debes irte —dijo Urdr.

—Es el error el que te ha llevado a estar frente a nosotras. El fresno es el que alberga todo conocimiento. ¿Crees que puedes obtener todo lo que guarda? —añadió Verdandi, quien concluyó—: Marcha, Odín, vete con tu anhelo.

—Vuelve a tu palacio, llévate a tus lobos y tus cuervos. Aléjate, aléjate de la fuente del destino —ordenó Skuld.

—El propio Yggdrasil me ha elegido, me permite viajar por sus ramas, me ha mostrado los mundos. ¿Por qué me escondéis vosotras lo que él mismo me quiere decir? —preguntó Odín.

—No obtendrás el conocimiento sin dar nada a cambio —concluyó Skuld.

La tercera de las nornas, la que con sus ojos contempla el porvenir, se alejó de sus hermanas, y, ante el estupor de éstas y de Odín, sólo pronunció una palabra.

—Ragnarök —dijo Skuld y repitió—: Ragnarök. Ése es el destino que te espera, a ti y a todos los dioses, y a todos los seres del mundo, cuando el hielo y el fuego se unan en una batalla de la que nadie podrá salir vivo.

El Padre de Todos replicó con una súplica:

—Os ruego... —pero Odín no pudo terminar la frase: las nornas habían desaparecido.

*

Odín sabía que le quedaba mucho por conocer. Comenzó a recorrer el Yggdrasil, el fresno más hermoso de todos los de su especie y también el más enorme, el árbol que lo es todo. Hacia lo alto sostiene el cielo y las estrellas y con sus raíces toca lo profundo. Sus ramas extendidas abarcan el universo completo y conectan los nueve mundos. Odín contempló el águila que reposaba en las ramas más altas del árbol Yggdrasil y el halcón que había entre los ojos del ave. Tardó en comprender que eran dos animales y no uno, y supo que, aunque el halcón le cubriera los ojos con su cuerpo, el águila extendía el alcance de su mirada gracias al ave rapaz que había posado sobre él.

Debía llegar al pozo de Mimir, donde hallaría la fuente de la sabiduría.

Muy pronto se alejó de Asgard, el hogar de los dioses aesir, donde él vivía, al cuidado de las paredes de plata del palacio de Valaskjálf, desde donde todo puede contemplarse, y donde descansa, sentado en su trono, en Hlidskjálf. Asgard está en contacto con las ramas más altas de Yggdrasil, entre las que reposa también Alfheim, donde habitan los elfos de luz, seres capaces de curar, pero también de provocar enfermedades y epidemias; y donde también se ubica Svartálfaheim, el reino bajo las montañas, donde vive la raza de los enanos, artesanos sin igual. También entre las ramas se encuentra Vanaheim, la morada de los dioses vanes, las divinidades de la fertilidad, de la vida y el deseo.

Partiendo desde Asgard, Odín deseaba llegar a las raíces de Yggdrasil. Cruzó el puente arcoíris, el Bifröst, hasta Midgard, el mundo de los hombres, que está rodeado por un inmenso mar, desde cuyas costas puede contemplarse la que es la cordillera más alta del mundo. Ésta separa Midgard de Jötunheim, el reino de los gigantes, nacidos antes incluso que los dioses de Asgard.

La ardilla Ratatosk corría por el tronco de Yggdrasil y potros negros mordían las ramas del árbol. Por la mañana las hojas del fresno se llenaban de un sutil rocío y, cuando amanecía y el sol empujaba el agua que estaba a punto de caer, Odín se colocaba debajo de alguna rama y abría la boca y calmaba algo de su sed con las diminutas gotas.

Junto a las raíces del fresno se extienden los dos mundos que existían antes que él, el hielo y las tinieblas de Niflheim y el fuego y el caos de Muspelheim y, más allá de ellos, Helheim, adonde llegan los muertos sin honor.

Caminó días y noches y atravesó los mundos y los puentes. Hasta que llegó a la segunda raíz de Yggdrasil, inmersa en el pozo de Mimir, y se detuvo. Contempló el paisaje deslumbrado. «¿Es aquí donde se halla la sabiduría?», se preguntó, y miró a su alrededor. Se sintió fuerte y frágil al mismo tiempo. Había llegado al centro del universo. Era la última vez que miraría el mundo con dos ojos.

*

El agua bullía como lo hacen las aguas que hierven, a pesar del frío. Odín quiso ver el fondo del pozo. Hugin y Munin, los cuervos sobre sus hombros, levantaron el vuelo. El dios dio un paso cauto. A pesar de la transparencia del líquido, nada se veía más allá de la superficie. El agua de la sabiduría lo hipnotizaba y parecía detener el tiempo mezclando en sus remolinos el futuro y el pasado. Odín contempló las burbujas hirvientes del conocimiento y, por primera vez en todo el viaje, su boca formó algo parecido a una sonrisa. La calma emanaba del agua. «¿La sabiduría calma? —se preguntó—. ¿O acaso desvela?» Los sonidos del hervor y las burbujas eran un canto suave y bestial que lo envolvía.

Cuando Odín levantó la vista descubrió una inmensidad con forma humana. Entre las raíces del Yggdrasil y el agua del manantial se alzaba un cuerpo de gigante. No parecía sorprendido de su presencia. ¿Lo esperaba acaso? En sus manos todavía tenía el cuerno Gyallarhorn, con el que cada tarde bebía la sabiduría de las aguas. Su tamaño era mayor que el manantial que custodiaba. Odín levantó la cabeza para mirarlo de frente: era el gigante Mimir. Supo que su deseo no iba a poder cumplirse fácilmente.

Y, sin embargo, descubrir la dificultad no hizo más que fortalecer su ambición de beber de ese manantial. Había recorrido los mundos para beber de la fuente de la sabiduría y ahora iba a hacer lo que fuera preciso para saciar su sed. ¿Cuáles eran sus límites para lograrlo? Supo que ninguno. ¿Hasta dónde podía dar para obtener lo que quería? La cabeza de Mimir era tres veces más grande que la suya. Todo en el gigante era desmedido. Al observarlo, Odín confirmó que su ansia por conocer era aún más grande que el gigante mismo. El Padre de Todos mantuvo la cabeza con la vista hacia lo alto para enfrentarse con la mirada desafiante que el gigante Mimir le lanzaba desde arriba.

Y entonces Odín habló:

—He caminado en la blancura y en la oscuridad, en el hielo y en el fuego, para llegar hasta aquí. Mi sed infinita de conocimiento no me dejará vivir si no puedo saciarla. Sólo te pido un sorbo de tu fuente, Mimir. Y luego me marcharé tal como he llegado.

Mimir negó con la cabeza. Sus ojos fríos reflejaban al dios orgulloso, pero implorante. Nadie más que él podía beber del agua del conocimiento. El atrevimiento de Odín había irritado al gigante, que sintió ganas de aplastarlo. Pero debió contenerse.

—Solamente un ser puede beber de este manantial: yo mismo —dijo con la voz grave y enfurecida—. ¿Y es acaso lo que sabes la fuente de tu inquietud o simplemente lo que ya conoces?

El Padre de Todos esperó a que el gigante continuara:

—Poderoso Odín, hijo de Bor, no hay agua para ti ni para nadie.

—Merezco al menos un sorbo.

—No lo mereces.

—Sólo te pido un sorbo.

—Nadie lo merece. Pero quizá puedas pagarlo.

Odín advirtió que esa respuesta empezaba a ser una posibilidad porque él estaba dispuesto a pagar el precio que el gigante estableciera. ¿Hay algo que valga más que la sabiduría? Estaba convencido de que no.

El gigante dio un paso al frente y Odín sintió temblar el suelo bajo sus pies, pero él mismo ni tembló ni se movió frente a ese prepotente avance.

Odín lo miraba desde abajo y el gigante habló:

—Mi precio por un sorbo de agua es uno de tus ojos —lo dijo con severidad desde lo alto.

Odín permaneció inmóvil, como si no hubiera oído la respuesta, y el gigante Mimir volvió a hablar:

—Uno de tus ojos, que debe reposar en el fondo del agua, en el manantial.

—Elige tú el que desees —respondió Odín.

—El izquierdo.

—Tuyo será. Tuyos habrían sido ambos también si lo hubieras demandado así, Mimir. La sabiduría me permitirá ver más que con mis ojos.

—Tu ojo izquierdo en el fondo del manantial —repitió Mimir y sonó como una orden que debía cumplirse.

—Sólo necesito un cuchillo.

Odín vio en el reflejo de la afilada hoja, por última vez, su cara con dos ojos. Después los cerró con fuerza. Sujetó el mango de madera y clavó con ímpetu el cuchillo, ancho y puntiagudo, en un lado de su nariz. Gritó y su aullido áspero alcanzó los nueve mundos. Hizo una curva rápida con su mano derecha y con el filo incrustado fue bordeando el contorno de la cuenca hasta poder arrancar su ojo por completo. De pronto comenzó a ver el mundo de una manera que nunca había imaginado. Abrió el ojo derecho y de él cayeron lágrimas espesas y transparentes. Del agujero izquierdo empezó a brotar sangre. Sostuvo el ojo en su mano y la extendió hacia el gigante. El ojo permanecía abierto sobre la mano de Odín.

Todo el cuerpo del dios estaba manchado de sangre.

—Al pozo —fueron las únicas palabras del gigante Mimir.

Odín besó su ojo y lo lanzó al fondo del agua.

—Bebe —ordenó Mimir.

Odín se acercó al borde del pozo y, antes de beber, contempló el fondo del manantial. Allí reposaba su otro ojo. Un ojo miraba al otro. Uno observaba desde el cuerpo de un dios; otro, desde las profundidades de un manantial. Ambos veían oscuridad. Odín colocó sus manos en forma de cuenco y las acercó al agua y levantó el líquido con las manos. Mucho se le escurrió entre los dedos, pero un sorbo transparente y caliente llegó a sus labios y, finalmente, el dios, el Padre de Todos, bebió el agua de la sabiduría.

Odín sintió que el sabor del conocimiento infinito lo recorría por entero. Vio el sufrimiento de los hombres y de los gigantes y de los dioses. Vio sus alegrías y las causas, vio los enfrentamientos y las consecuencias, los padecimientos y las posibilidades de consuelo. Vio el porqué de las cosas y el porqué de las acciones de los seres en la tierra. Vio por qué era necesario que todo ocurriera. Vio hasta dónde llegaban los mundos y cómo se habían conformado, quiénes los recorrían y cómo los habitaban. Supo por qué debían ocurrir los padecimientos y vio las consecuencias. Lo vio todo. Menos el futuro. Supo que su ojo izquierdo quedaría para siempre en el fondo del manantial y desde ahí contemplaría el pasado y el presente del universo. Supo que, a pesar del agujero en su cara, seguía contemplando el mundo con dos ojos.

*

Odín supo también que beber de la fuente había aumentado al mismo tiempo su sabiduría y su sed. Regresó a su morada en el reino de Asgard, pero no lograba vivir en calma con su ardor. Cuanto más sabio era, más insatisfecho se sentía. «Quien más sabe más querrá saber», se dijo. El fondo del conocimiento era tan profundo como el del pozo. El dios podía verlo todo, menos el futuro, y el deseo por conocer también el porvenir fue lo que lo empujó nuevamente a la búsqueda. El padre de todos los dioses anhelaba poseer el conocimiento absoluto. Enfundó su lanza, se colocó la capa y volvió otra vez a emprender un viaje.

En las nornas había visto la calma y, a la vez, el desasosiego de quien conoce el porvenir y eso le encendió aún más su deseo por adquirir el conocimiento del futuro. Pero había visto en ellas también la confirmación de que estaba obligado a dar para recibir algo a cambio. «Debo estar a la altura de lo que deseo recibir», se dijo. Y quedó dispuesto a iniciar el sacrificio.

Entonces desenfundó la lanza que cargaba a sus espaldas. Al levantarla oyó el sonido del filo contra el aire. Vio los destellos del metal. Miró fijamente la punta afilada. Cerró su ojo y se clavó la lanza en un costado de su cuerpo. Contuvo el grito y el dolor, y con la lanza en su pecho se colgó de las raíces del árbol que unía los mundos del universo, de Yggdrasil.

Permaneció colgado entre las raíces con la cabeza abajo. La sangre chorreaba hacia las profundidades de los lagos. «Saber es sufrir», se repetía. Y él quería saber. Abrió el ojo. Vio el mundo invertido. Si quería todo el conocimiento, el sacrificio debía ser absoluto. Comenzó a transformar el dolor en introspección. Pasaron los primeros instantes, los momentos, luego las horas, y transitó el día, la primera noche y luego otro día, y así, colgado, sin comer ni beber, aparecieron otra vez las estrellas. Transcurrieron nueve soles y nueve lunas. Del cuerpo del dios caían gotas de sangre, de sudor. Y, a pesar de todo, mantenía la fuerza y la entereza. El tiempo parecía más denso y extenso. No obstante, para el resto de los seres en el universo la vida transcurría como antes. Llegó un momento en el que Odín, debilitado, apenas podía pensar, y cuando comenzó a sentir que perdía la sapiencia, supo que ése era el sacrificio mayor. «El saber necesita sacrificios», intentaba decirse para soportarlo, aunque ya las palabras se le deformaban al pensarlas. Cuando apenas pudo mantener su ojo abierto durante el día, llegó la novena noche. Entonces el conocimiento de las runas le fue entregado.

En ese estado de dolor, todavía invertido, viendo el mundo al revés, se transformó en el primer sabio de las runas. Recibió los secretos de esas formas que luego se tallarían en piedras y maderas y espadas. Ese conocimiento que se transformaría en la lengua de los poetas y que pocas veces el dios iba a compartir con otros dioses y humanos. Odín cayó al suelo, completamente frágil, pero con el conocimiento en su poder. El significado de veinticinco runas le había sido revelado, y así Odín se convirtió en el ser más sabio de todos los reinos.

Cuando pudo levantarse decidió que era el momento de emprender el regreso a su morada en Asgard, al cuidado de las paredes de plata del palacio de Valaskjálf, desde donde todo puede contemplarse, y sobre su trono, Hlidskjálf. Hugin y Munin se posaron sobre sus hombros, manchados de sangre y tierra. Los lobos le lamieron las heridas. En el camino de retorno fue recuperando poco a poco su fuerza. Su barba sucia volvió a verse blanca. En el viaje de regreso al lugar del que había partido, pero que ya jamás iba a ser como antes, en ese viaje donde la herida del costado de su cuerpo se cerró, tuvo que aceptar, y empezar a comprender, el enorme peso del conocimiento.

Los tesoros de los dioses

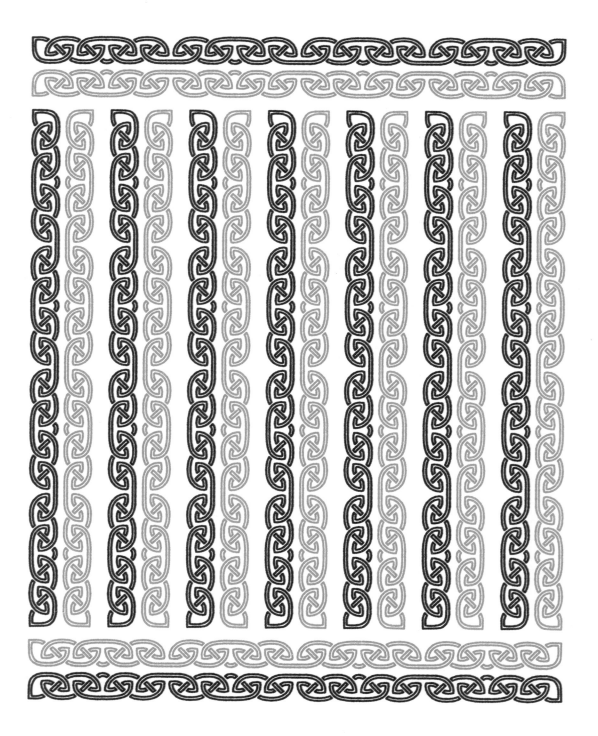

En reino de Asgard, hogar de los dioses aesir, dormía Sif, la esposa del dios Thor, célebre por su belleza y dulzura, y, sobre todo, por sus lacios y resplandecientes cabellos dorados. Sin embargo, aquella noche nadie vio cuando unas manos veloces arrancaron desde la raíz el pelo de la bella diosa. No se supo en qué momento de la oscuridad la esposa de Thor se había transformado en un ser calvo y, al mismo tiempo, había dado inicio a la historia que forjaría los tesoros de los dioses en el reino de Asgard.

La luz del día despertó a Thor y el dios del trueno no pudo entender lo que sucedía. ¿Quién era esa mujer con la cabeza rapada que dormía a su lado? No quedaban rastros de la cabellera de oro que solía enredarse en su cuerpo por las noches. Tuvo que mirarla de cerca para comprenderlo del todo. La furia se apoderó de su cuerpo y Thor aulló y sus gritos se escucharon en todo el reino.

—¡Loki! ¡Loki! —gritaba con furia.

Sif se despertó con los alaridos.

—¿Qué sucede? —preguntó la diosa asustada, pero, antes de recibir respuesta, sintió algo extraño en su cabeza, ahora liviana. Se llevó una mano al cuero cabelludo, la deslizó extrañada y sintió lo áspero en la yema de los dedos. Corrió a mirarse a un espejo y, en un primer momento, no pudo comprender que esa mujer calva que la miraba de frente era ella misma. Entonces gritó también.

—Loki te devolverá todo lo que te ha quitado —sentenció Thor con una fuerza nueva que le electrizaba el cuerpo.

—¿Y si no fue él? ¿Y si no es posible recuperarlo? —preguntó casi llorando.

—Loki es el culpable de todos los males. Deberá encontrar la forma de hacerlo de inmediato y, además, de pedir perdón. Pero esta vez no le alcanzarán sus débiles palabras.

Sif cubrió el espejo con un manto y tapó su cabeza con una de las pieles que había en la cama.

—Prefiero no verme mientras no me reconozca.

—Sigues siendo la misma, mi bella Sif —le dijo Thor, la besó con amor y furia y se colocó el cinturón de poder que le duplicaba su fuerza.

El dios del trueno, el más fuerte de todos los dioses de Asgard, fue más enorme, e incluso más fuerte, cuando salió desesperado a buscar a Loki. El rojo de su barba se distinguía entre la niebla como un rayo furioso que atravesaba nubes y montañas.

Con pasos de gigante llegó a donde estaba Loki, el dios de las mentiras, antes de que el sol hubiera iluminado las cumbres de nieve perpetua. Nada más tenerlo delante, se acercó a él y le dio un empujón que lo derribó al suelo. Tuvo que contener sus ganas de asesinarlo. Desde lo alto le hablaba y sentía el impulso incontenible de aplastarlo.

—Has cometido un grave error.

—¿No haberte esperado para defenderme mejor?

Thor le dio una patada.

—¿Desatender las tormentas?

Thor se enfurecía cada vez más.

—¿Me he olvidado de regalarle un sombrero a tu mujer?

Thor volvió a golpearlo.

—Le has cortado el cabello.

—¿Era eso? Qué pena. No es tan grave. Me pareció divertido. Estaba borracho.

—¿Divertido? —Y Thor le dio otra patada—. Pensarán que lleva la cabeza rapada como castigo por haberme engañado.

—Tendrán razón —Thor sintió fuego en sus ojos y con todo ese ardor contenido le dio la última patada a Loki y una advertencia:— si no le devuelves la cabellera a Sif romperé cada uno de tus débiles huesos cada día —al decirlo le quebró la pierna— y, cuando se hayan curado, volveré a rompértelos cada uno otra vez.

Loki se levantó, disimulando el dolor.

—Por supuesto, querido Thor. No tardaré en cumplir tus deseos.

—Tus huesos te lo agradecerán —concluyó Thor, y a continuación se fue.

Loki apenas podía mantenerse en pie. Tenía la pierna rota, pero el cuerpo lleno de un nuevo aliento. Le gustaban los desafíos y Thor le había impuesto uno nuevo. Debería resolverlo con urgencia si quería permanecer entero.

Se calzó los zapatos voladores para atravesar el cielo y emprendió el camino rumbo al mundo de Svartálfaheim, donde encontraría a los únicos seres que podrían salvarlo esta vez.

Deambuló entre las nubes con sus zapatos pesados. Viajar lo ayudaba a ir urdiendo su plan. Las nubes blancas se hacían grises a medida que iba bajando, hasta que llegó finalmente al mundo oscuro de los enanos. Volvía a sonreír porque ya no sentía dolor. Hasta creyó que el calor de Svartálfaheim le aliviaba la punzada en la pierna.

Tuvo que dar los primeros pasos sin saber por dónde caminaba, hasta que sus ojos se fueron acostumbrando a la penumbra. A aquel mundo nunca había llegado el sol y los enanos y sus cosas se distinguían en diferentes tonalidades de grises entre las sombras. Caminó sobre el barro del negro más oscuro guiándose por los pequeños focos de luz que generaban las fraguas. El fuego de aquel lugar era más oscuro que otros fuegos, como si el naranja de las llamas tuviera que expandirse para distinguir las siluetas. El crepitar de las fraguas y los golpes de los martillos sobre el metal se dejaban de oír cuando sonaban las voces agudas de los enanos. Loki sentía cada vez más calor, el sudor le había mojado toda la ropa. Iba sonriente porque ya había tramado el plan perfecto. Se felicitó por ser tan astuto.

Entre las penumbras debía encontrar el taller de los hijos de Ivaldi. Caminó entre lo oscuro. Los enanos que se cruzó en el camino lo miraban intrigados, intentando descifrar si el dios que los visitaba les traería fortuna o desgracia. Loki admiraba en ellos su capacidad de trabajo, miraba con asombro las manos grandes de esos cuerpos pequeños que no paraban de trabajar.

Entonces distinguió a lo lejos el resplandor anaranjado del carbón caliente de la fragua más grande entre las pequeñas. Hacia allí se dirigió. Golpeó la pequeña puerta que antecedía al espacio tres veces y tres pequeños seres salieron a su encuentro. Se movían juntos y hablaban a la vez, como si formaran un único monstruo diminuto y tricéfalo. Loki estaba listo para desplegar su estrategia y se dirigió a ellos:

—Todos en el reino dicen que los artesanos Eitri y Brokk son los más hábiles de Asgard. Han fabricado un arcoíris de oro y una montaña de bronce.

—¿Has llegado hasta nuestro mundo simplemente para decirnos esto? —hablaron los enanos, y Loki no supo de cuál de las tres bocas afloraba la voz chillona.

—También para daros la oportunidad de demostrar que todos están equivocados y que sois vosotros los mejores artesanos.

—Lo que se dice es mentira. Eitri y Brokk ni siquiera saben herrar un caballo.

—Sin embargo, he visto con mis ojos que pueden fabricar obras maestras.

—No tan buenas como las nuestras.

—Eso habrá que probarlo —dijo Loki provocándolos cada vez más.

El desafío ya estaba en el aire. Los tres hermanos no tolerarían dejar de ser considerados los mejores.

—Vosotros deberéis fabricar los tesoros para los dioses y ellos serán los jueces.

Con esa provocación que resultó ser el inicio de su táctica perfecta, Loki los saludó para irse.

Pero antes concluyó:

—Casi lo olvidaba: uno de los tres tesoros debe ser una cabellera dorada que nunca deje de crecer —y, sonriendo sin que vieran su sonrisa, se fue.

Loki se internó nuevamente en las penumbras del mundo de los enanos. La humedad lo hacía sudar cada vez más, pero le daba calma. El crepitar de las fraguas encendidas acompañaba el ritmo de sus pensamientos. Había olor a madera quemada. El cuerpo, por fin, le había dejado de doler. Debía atravesar las montañas para llegar al otro lado de Svartálfaheim. Emprendió la subida, colmado de entusiasmo. Atravesó bosques cada vez más oscuros. Bajó con la satisfacción de sentir que su plan había comenzado a cuajar. Debía llegar al taller de Eitri y Brokk.

Con mucha calma, pero jadeando, entró en el taller.

—Vengo corriendo para alertaros.

—¿Qué sucede? —se alarmó Brokk.

—Los hijos de Ivaldi están construyendo tres tesoros para los dioses de Asgard. Serán los mejores regalos que hayan recibido jamás. Sólo quiero asegurarme de que vosotros también tengáis la oportunidad de demostrar que sois los mejores. Aún estáis a tiempo para construir piezas maravillosas. Luego los dioses emitirán su veredicto.

Eitri se puso a pensar de inmediato qué podrían construir y rápidamente le vino a la mente la forma que daría a su jabalí de oro. Pero Brokk fue más cauto. Había algo extraño en esa visita inesperada y sabía que nunca podría confiar del todo en el astuto Loki. Recordaba también que más de una vez los había engañado, y entonces preguntó:

—¿Los tres hermanos te han pedido que vinieras a avisarnos?

—De ninguna manera —dijo Loki, y no estaba mintiendo.

—¿No será uno de tus planes para enemistarnos con los hijos de Ivaldi?

—En absoluto —contestó otra vez sin mentir.

—Estás haciendo esto para lograr tu propio beneficio en algo —afirmó Brokk, ya sin preguntar y sin dudarlo, y Loki tuvo que preocuparse por disimular.

Algunos decían que el pequeño Brokk era algo inútil, pero tenía una gran capacidad para no dejarse embaucar y, ante la menor duda, desconfiaba de cualquiera. Comprendió enseguida que, detrás de la cara de exagerada inocencia, había otros planes y preparó su jugada defensiva.

—Haremos tres regalos para los dioses —sentenció Brokk, y al escucharlo Eitri volvió a pensar en el jabalí—. Serán tres maravillas creadas por nuestras manos para la eternidad.

—¡A trabajar entonces! —gritó Loki, y amagó con emprender su retirada.

—Espera, Loki, dios de la trampa, haremos el trabajo pero con una condición.

—Aceptaré las condiciones que sean necesarias.

—Si los dioses eligen nuestros regalos, te cortaremos la cabeza.

—Pero... —Loki quiso disuadirlo, pero supo que Brokk era determinante. Le parecía demasiado, aunque también sabía que iba a poder solucionar cualquier problema que surgiera, así que añadió con seguridad—: Si no hay más opciones, acepto. Ahora sí, ¡a trabajar! —y amagó con irse con sus zapatos voladores, su pierna rota sin dolor, su resquemor por haber apostado demasiado.

—Esta cabeza redonda será buena materia prima para nuestras próximas piezas —concluyó Eitri, ilusionado con los planes.

Pero Loki no se fue muy lejos. Después de aquella amenaza, tenía claro que debía impedir que Eitri y Brokk hicieran los mejores regalos. Su plan era perfecto. Los dioses iban a recibir seis regalos, Sif recuperaría su cabellera, él mantendría sus huesos sanos. Sin embargo, había un inconveniente y debía solucionarlo: Eitri y Brokk no podían ganar de ninguna manera.

El carbón ardiente iluminaba de naranja el taller. Eitri comenzó a accionar el fuelle.

—Bombea y bombea y no dejes de bombear, ni aunque tu cabeza sea la que esté en juego —ordenó Brokk y, al decirlo, un insecto entró al taller sin que ninguno de los dos lo percibiera.

Brokk comenzó a martillear. Cada golpe sobre el metal retumbaba como una campanada. Eitri accionaba el fuelle al ritmo de los golpes de martillo. Una corriente constante de aire fresco mantenía vivas las llamas del carbón gracias al movimiento de sus brazos. Hasta que, de pronto, Eitri sintió un pinchazo en su mano derecha que lo paralizó por un instante. El insecto que rondaba el taller le había picado.

—¡Por todos los dioses! —chilló Eitri—. ¿Qué clase de mosquito es ése?

Pero, a pesar del dolor, siguió accionando el fuelle. A continuación, Eitri retiró la pieza de la fragua.

Era el jabalí con cerdas de oro que tanto había soñado.

El insecto había vuelto al techo y, desde esa esquina, en lo alto, comenzó a emitir un zumbido escabroso que parecía el sonido exacto de la irritación. El primer tesoro estaba listo y brillaba.

Eitri buscó un lingote de oro para la siguiente pieza. Ahora Brokk debería bombear.

—Acciona el fuelle al ritmo de tu respiración, imagina lo que sucedería si dejaras de respirar... —ordenó Eitri, y comenzaron otra vez los golpes sobre el metal.

El insecto volvió a zumbar y esta vez parecía volar más rápido y decidido. Brokk abría y cerraba los brazos al ritmo de su respiración agitada. Las gotas de sudor llegaban al suelo. El insecto negro sobrevolaba su cabeza en círculos. Brokk intentaba no hacer caso al zumbido y quiso ahuyentar el insecto con los hombros. Sin embargo, éste permanecía en el aire, como observándolo. Hasta que, de pronto, voló veloz hacia el cuello del enano y le clavó el aguijón.

—¡Ay! ¡Maldito bicho! —gritó Brokk.

Pero no dejó de bombear. La sangre comenzó a deslizarse por el cuello mientras intentaba mantener sus brazos inmutables al dolor. Brokk podía oler su sangre mezclada con el sudor. No interrumpió su trabajo hasta que Eitri concluyó la pieza y lo felicitó.

Eitri había moldeado un brazalete. Lo retiró de la fragua todavía candente, lo introdujo en una pila de agua y el encantador sonido de las burbujas envolvió el aire del taller. El brazalete se volvió blanco con el agua, luego naranja, después rojo y, finalmente, se enfrió y adquirió el tono del oro. Hasta el insecto, ahora detenido en el techo, parecía maravillado con la pieza.

—No es lo que parece —alertó Eitri.

—Parece un brazalete.

—Sí, pero se multiplicará en ocho similares cada nueve noches.

El insecto volvió a hacer un ruido molesto, como de enfado. Los enanos estaban muy satisfechos con el trabajo realizado hasta el momento. Sin embargo, no podían dejar ningún resquicio de duda de que los dioses elegirían sus regalos, y Eitri se dispuso a hacer la última pieza; la que significaría la consagración definitiva.

—¡A seguir trabajando! Ahora tallaré mi obra maestra —afirmó Eitri con una sonrisa que pocas veces aparecía en su cara. Y volvió a dar las mismas órdenes a Brokk—: ¡A bombear sin prisa y sin pausa, pero, sobre todo, sin descanso!

Eitri vertió arrabio en la fragua. Al caer éste sobre el fuego saltaron chispas y una de ellas quemó un ala del insecto, que por allí pasaba. Brokk comenzó a bombear; Eitri, a moldear. Los golpes del martillo hacían sonar la melodía de la creación. Quien los oyera podría comprender, sin duda, que esos sonidos anticipaban la construcción de una obra única.

De pronto, el insecto lanzó un zumbido más agudo que el golpe del martillo y voló veloz hacia un punto situado justo entre los ojos de Brokk. El enano tuvo que forzar su mirada para ver esa mancha negra en su nariz que no podía quitarse. Sacudió la cabeza, pero el insecto no se movió. Brokk se esforzaba por seguir bombeando al mismo ritmo para no arruinar el trabajo, y entonces sintió un pinchazo tan fuerte que, por un instante, lo paralizó.

—¡Por Svartálfaheim que mataré a este asqueroso insecto! —gritó.

Luego siguió bombeando, y entonces, otra vez, el insecto le clavó su aguijón. La cara le ardió. Por un instante que cambiaría la forma de la obra de arte y del universo, Brokk quedó ciego e inmovilizado. La temperatura del fuego había bajado. Luego el enano movió los hombros con fuerza, sacudió otra vez la cara y el insecto se perdió en los aires. De los ojos de Brokk brotaba sangre mezclada con lágrimas, pero sus manos ya habían reanudado la cadencia del bombeo y el fuego había recuperado la temperatura.

Sonó el último golpe de martillo y Eitri lanzó una exclamación de felicidad.

—La pieza está concluida. Por fin.

Eitri se alejó para dejarla enfriar. Brokk se acercó para contemplarla. Era un martillo dotado de una extraña simetría.

—No he logrado la forma esperada —sentenció Eitri—, pero hay belleza y destino en esta obra de arte.

El insecto salió entonces del taller. De repente, su forma cambió, se agrandó y se alargó, hasta transformarse en Loki, quien, con su cuerpo recuperado de dios, volvió a entrar caminando en el taller de los enanos.

*

Había llegado el momento de la sentencia en el reino de Asgard. Los dioses aesir se habían reunido en el palacio y estaban cada uno plácidamente sentados en sus tronos: Odín, el Padre de Todos, a un lado, con su casco y su barba blanca; Thor, el dios del trueno, expectante, con los ojos bien abiertos y un rictus de rabia contenida; y Frey, el dios de la fertilidad, impaciente, mirando todo lo que ocurría alrededor. Entonces llegó Loki, hizo sendas reverencias a los tres, y se preparó para que la ceremonia arrancase. Con un silbido extraño hizo entrar a los enanos. Pasó Brokk con sus piezas ocultas bajo unas mantas, y luego los hijos de Ivaldi, cada uno de ellos con una pieza en las manos.

Las obras fueron colocadas en una mesa de hierro en el centro del recinto.

—Habla, Loki, de una vez, ¿para qué nos has convocado? —preguntó Odín, que desconfiaba de todo lo que el dios de las mentiras se disponía a hacer.

—Dioses de Asgard, vosotros tenéis el poder de juzgar y ahora deberéis ejercerlo.

—¿Qué se juzga en este día? —preguntó Frey.

—Tesoros. Deberéis decidir cuál es el mejor de todos ellos —contestó Loki.

Éste levantó primero la lanza Gungnir, tallada con runas. El arma emitió un destello cuando el dios la sostuvo en el aire.

—Esta lanza atraviesa cualquier material, siempre da en el blanco y todo juramento pronunciado sobre ella es inquebrantable —la describió Loki, y la acercó a cada uno de ellos para que pudieran contemplarla de cerca. Se la entregó a Odín.

Luego levantó la cabellera dorada tejida con hilos de oro.

—Se ajusta a la cabeza de la diosa que la desee y vuelve a crecer cuando se la corta.

Detrás del trono de Thor, casi escondida, estaba la bella Sif, que abrió con felicidad los ojos y se acercó para observar la cabellera.

—Puedes probártela —dijo Thor, y se la entregó.

Sif se quitó el pañuelo que la cubría y, con mucho cuidado, se colocó el regalo de los enanos sobre su cabeza. Los hilos de oro se fueron uniendo al cuero cabelludo y la diosa sintió cómo recuperaba rápidamente su belleza.

Todos los dioses pronunciaron alabanzas e, incluso, pudo oírse algún tímido aplauso.

—Ya podríais concluir que éste es el mejor regalo. Pero aún quedan más objetos forjados por los hijos de Ivaldi —dijo Loki, y levantó la última de las creaciones de los hermanos, añadiendo a continuación—: Creeréis que es un pañuelo de seda —habló como un gran mago que desea generar misterio y sopló—. Pero este pequeño lienzo plegado es, en realidad, un barco.

Y, de repente, ante la mirada incrédula de los dioses, el pañuelo se transformó en barco.

—Es el Skidbladnir —dijo Loki—, la nave que siempre tendrá buen viento detrás de sus velas.

El dios de la mentira hizo a continuación un chasquido con los dedos y el barco volvió a su diminuto tamaño original. Luego Loki lo guardó en el bolsillo del traje de Frey y sonrió, confiado de que alguno de esos regalos sería el elegido por los dioses. Así lo percibió en los rostros de Thor y Odín, visiblemente satisfechos.

Pero entonces el enano Brokk dio un paso al frente. Los dioses debieron inclinarse para contemplarlo cuando levantó la argolla dorada. Apenas se veía.

—Éste es el brazalete Draupnir —pronunció Brokk.

—Es demasiado pequeño —se quejó Odín.

—Pero es infinito —respondió Brokk, y logró intrigar a los tres dioses.

—¿Cómo puede ser infinito? —preguntó Frey.

—Cada nueve noches surgirán ocho brazaletes de oro de su interior, cada uno de idéntica belleza, y de cada nuevo brazalete surgirán otros ocho en la novena noche y de cada...

—Hemos comprendido —Odín lo interrumpió antes de que siguiera repitiendo.

A continuación, el Padre de Todos tomó el brazalete y se lo colocó en el brazo.

Luego Brokk caminó hacia Frey y le mostró el jabalí con cerdas de oro.

—Se llama Gullinbursti —le dijo, y se lo entregó.

—Tengo mis propios animales —argumentó Frey.

—Este jabalí puede correr por el cielo y por el mar. Sus cerdas de oro iluminan la noche y permiten llegar a cualquier lugar más rápido que yendo con alguno de tus veloces animales.

Frey abrió los ojos de par en par, extasiado.

Loki empezaba a preocuparse. Notaba a los dioses muy entusiasmados con los regalos de Brokk. Intentaba pensar que el barco mágico era mejor que el jabalí. Pero aún faltaba el último regalo.

Brokk retiró la manta y dejó al descubierto el martillo. Se lo entregó a Thor.

Era la primera vez que el dios veía un martillo con esa extraña forma y le costó sujetarlo.

—El mango es muy corto —determinó, molesto, el dios del trueno.

—Por supuesto que es corto —apostilló Brokk—. Algo falló mientras yo debía accionar el fuelle, pero justamente por eso es un martillo único en su forma.

Thor dudaba de lo que decía el enano, pero algo de aquel regalo, sin embargo y sin explicación, lo atraía.

—Se llama Mjölnir, y es un martillo fabricante de relámpagos —explicó Brokk con toda seguridad—. Jamás se romperá y siempre acertará en el blanco. También puedes hacer que crezca, o reducirlo hasta hacerlo diminuto y así llevarlo en la palma de la mano. Podrás incluso sostenerlo con un solo dedo.

A Thor le alegraba la explicación, porque varias veces había roto sus armas o las había perdido al lanzarlas. Logró sostener el martillo en la mano derecha, se lo acercó a los ojos e, inmediatamente, sintió su poder. Después aplaudió con fuerza y los demás dioses se hicieron eco del aplauso. Y, entonces, el eco se transformó en relámpagos que iluminaron, de golpe, todo el reino de Asgard.

—Es el mejor regalo que he recibido —sentenció Thor.

—¿Y los cabellos dorados? —preguntó Loki.

—Un arma puede ser tan bella como una mujer.

—¿Y la lanza?

—Los truenos nos defenderán del enemigo.

—¿Y el brazalete infinito?

—La gloria nos dará la eternidad.

—¿Y el barco desplegable?

—La prosperidad unirá distancias.

—¿Y el jabalí con cerdas de oro?

—El martillo Mjölnir es el mejor regalo que hemos recibido —concluyeron al unísono los dioses de Asgard.

Cuando Brokk atendió a la sentencia final, miró a Loki con satisfacción y supo que era el momento de cortarle la cabeza.

—Eitri se alegrará al verme llegar al taller con tu cabeza en mis manos —se dirigió Brokk al dios de las mentiras—. Podremos utilizarla para fabricar más tesoros. Intentaremos que llegue con los ojos abiertos.

Loki permanecía tranquilo. Entonces Brokk empuñó un cuchillo. Loki dio un paso hacia el enano y se arrodilló.

—Puedes cortarme la cabeza cuando quieras —lo desafió sonriente—, pero, si me cortas el cuello, habrás incumplido nuestro trato. Yo te he ofrecido solamente mi cabeza, pequeño ser.

Brokk comenzó a saltar porque no podía contener su rabia.

—¡Es imposible cortarle la cabeza a alguien sin cortarle el cuello! —gritaba el enano, que parecía haber crecido con la ira dentro de su cuerpo.

—Siempre lo digo —exclamó Loki, inmutable—, debéis tener mucho cuidado con las palabras que utilizáis, no siempre son lo que parecen. —Y se acarició el cuello con ambas manos.

La muralla de Asgard

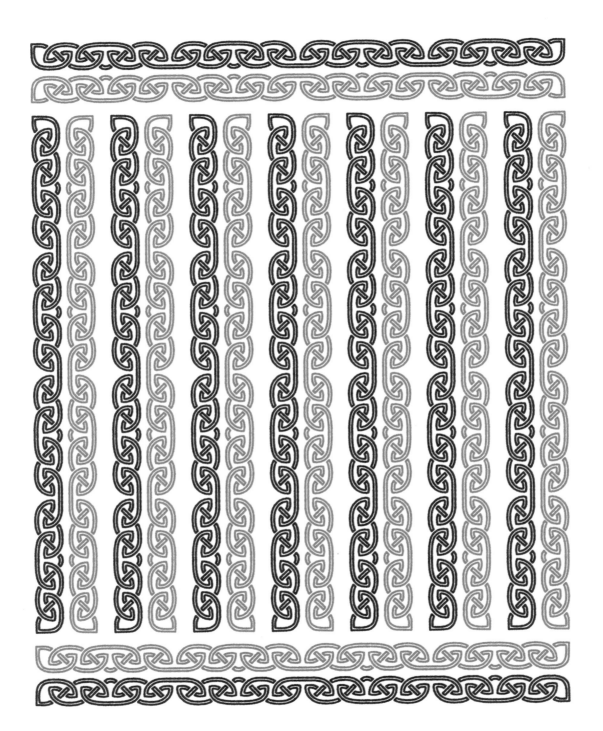

Los primeros vientos del invierno en el reino de Asgard zarandearon los fresnos que poblaban la cima blanca del palacio plateado de Valaskjálf. El sabio Odín, desde su trono Hlidskjálf, sintió dolor en los oídos. El dios que podía verlo todo, incluido el porvenir, notó la brisa que le soplaba en la cara como un aviso de alarma. Se puso de pie para ver más allá de las paredes y el techo de plata de la gran sala del palacio y observó la blancura a lo lejos y la distancia infinita, los tiempos futuros y el riesgo de exponerse a los enemigos. Éstos podrían sorprenderlos en cualquier momento.

Thor había partido hacía días a las lejanas tierras del este a combatir en nuevas luchas. El martillo poderoso que protegía a los dioses, y que los defendería con truenos y relámpagos de toda amenaza, ahora se hallaba en otros lugares y otras batallas. En el reino de Asgard transcurrían los días en calma, pero los dioses comenzaban a sentirse cada vez menos a salvo.

Odín podía vislumbrar que pronto acecharían nuevos peligros y enemigos cada vez más poderosos. Temió que la fuerza de los dioses no pudiera detener el avance de los gigantes. ¿El reino de Asgard estaba en riesgo? ¿No eran acaso suficientemente fuertes los dioses del reino para proteger su morada por sí mismos?, se preguntó. Sí, afirmaba entre dientes, pero la verdadera fuerza del enemigo permanecía oculta entre las sombras de Jötunheim. El Padre de Todos estaba convencido de que necesitaban una defensa más contundente, así que convocó a todos los dioses para discutir cuanto antes una solución.

Reunidos los aesir en la sala del gran consejo, Odín cerró su único ojo y pudo ver más allá de lo que todos los demás podían ver. Lo volvió a abrir y habló.

—Se acercan males terribles. Thor y su martillo están lejos para defendernos. Nuestro reino puede ser asaltado desde cualquier horizonte. Mi sabiduría me obliga a alertaros. Debemos construir una muralla alrededor de Asgard que se convierta en el primer freno cuando los enemigos decidan que ha llegado su momento de ataque.

—¿Qué estamos esperando? Odín está en lo cierto. Debemos construir la muralla más alta y más poderosa de todos los mundos. Somos los dioses aesir. ¡Nadie podrá contra nosotros! —alentó el sabio Kvasir, dios de la inspiración.

—Tardaremos muchos años en lograrlo —dijo el astuto Loki.

—Y que sean los años que deban ser —respondió el apuesto Balder.

—No hay tiempo —decretó Odín.

La luna brillaba en lo alto del cielo, todavía claro. La propuesta de Odín no conducía a ninguna solución posible. Los dioses siguieron discutiendo hasta que la luna llegó a su cénit e, incluso, comenzó a desdibujarse. Poco a poco, los dioses se fueron retirando de la sala, desalentados, más preocupados que cuando habían llegado a Valaskjálf.

*

Al día siguiente, muy temprano, en Asgard se oyó rugir el cuerno de Heimdall. El sonido manso anunciaba que un extraño estaba cruzando el Bifröst. Antes de que el calor encendiera la mañana, se descubrieron pisadas nuevas sobre la nieve. Un desconocido había llegado al reino de Asgard.

Sus huellas eran enormes, mucho más grandes que las de los habitantes del mundo de los aesir. Se presentó en el palacio de Valaskjálf y le abrieron las puertas. Tenía un cuerpo que no supieron distinguir si era de dios, de humano o de gigante. Su voz sonó como si nunca hasta ahora nadie la hubiera oído. Ninguno supo a qué mundo pertenecía aquél ni cuál era su propósito. Los dioses lo recibieron con alegría, pero con recaudo. El recién llegado hizo una reverencia. Todos estaban expectantes. Luego realizó un gesto tosco con la boca y habló.

—Vengo de un mundo lejano.

—Todos los mundos son lejanos —lo interrumpió Loki, con cierta sorna.

—De ahí vengo, y señaló hacia el oeste.

—Tus huellas se marcan desde el este —volvió a replicar el dios del engaño con una sonrisa cada vez más socarrona.

—Pero vengo del oeste —contestó el recién llegado.

—¿Y a qué has venido a Asgard? —preguntó Odín, aunque ya había podido imaginarlo.

—Las noticias corren veloces. Ningún mundo es ajeno al hecho de que Asgard es vulnerable.

—Tus palabras no pueden estar más erradas —rebatió Kvasir, mirando con desconfianza al extraño, pero añadió con inseguridad—: Sin embargo, ¿qué es lo que propones?

—Soy un maestro de la construcción. Asgard sería inexpugnable con una muralla que lo rodee y lo proteja. Al menos con la que os podría levantar.

—Gracias por la propuesta —acotó Loki—, pero una muralla es algo que podemos hacer sin ningún esfuerzo. En Asgard no necesitamos misteriosos y altruistas constructores.

—Marcharé por donde he venido, pues —respondió el desconocido.

—¿Acaso propones algo que no esté a nuestro alcance? —interrumpió Odín.

—Puedo daros lo que más vale.

—¿A qué te refieres? —indagó el padre de todos.

—Vosotros podréis construir una muralla en cientos de años. O miles. Yo puedo daros tiempo. La muralla entera estará acabada en apenas cuatro estaciones —contestó el maestro constructor.

—Eso no es posible —replicó Loki.

—Puedo construir la muralla más sólida y más alta que rodee vuestro reino antes de que comience el otoño.

Los dioses se miraron sorprendidos. Estaban entusiasmados con la propuesta. El techo de plata del palacio de Valaskjálf pareció suscitar un destello. El sabio Odín, desde lo alto de su trono Hlidskjálf, miraba atento al extranjero. Su rostro era el único que no desprendía alegría. Con la mano derecha acarició una y otra vez su barba blanca, que parecía más larga con cada roce. Observó alerta con el único ojo y pudo ver más que todos los dioses en la sala. Desde lo alto llegaron sus cuervos Hugin y Munin y se posaron en sus hombros. Mirando el plumaje negro oscuro y brillante de Munin sintió la necesidad de desconfiar de aquel extraño; contemplando el verde azulado del iris de Hugin, comenzó a dilucidar posibles estrategias.

—Tú nos darás lo que deseamos, es cierto. Pero pedirás algo a cambio que no podremos darte.

En la sala, además de Odín, Loki, el sabio Kvasir y el apuesto Balder, se hallaban los vanir Frey y Freya, Heimdall, el guardián del Bifröst, el poeta Bragi, y Tyr, el dios de la guerra. Permanecían alrededor de Odín, formando un círculo casi cerrado en torno al extraño visitante, que se erguía de pie en el centro de la sala. Era, por mucho, el más alto de todos los presentes. Sus brazos eran robustos y todo su cuerpo parecía esculpido para levantar piedras.

—¿Qué se querrán llevar tus brazos después de que hayan completado esta ardua tarea? —preguntó finalmente Odín.

—No habrá enemigo de ningún mundo conocido capaz de ir más allá de esta muralla, ningún humano, enano o gigante que pueda atravesarla. Nada ni nadie podrá mover una sola piedra de vuestra fortaleza. No habrá batalla cuya sangre salpique Asgard, donde el orden eterno estará sellado. ¿Qué más podríais desear? Solamente pido a cambio la luna y el sol... y a la bella Freya.

La diosa Freya, que hasta ese momento había contemplado expectante al extranjero, oyó su nombre sin aparentar sorpresa, aunque al momento la ira tiñó su rostro de un rojo intenso. Sin pronunciar palabra, dio la espalda a los dioses y salió de Valaskjálf. No iba a tolerar convertirse en una moneda de cambio.

Los demás dioses comenzaron a discutir.

—¿Para qué querríamos un reino sometido a la oscuridad? —interrogó Kvasir.

—Nos libraremos de los gigantes, pero la noche se convertirá en nuestra enemiga —apostilló Balder.

—¿De qué sirve la seguridad sin la luz? Nos libraremos de los peligros, pero nos inundarán los miedos —añadió Heimdall.

—¿Cómo podremos soportar el transcurrir de los días sin una luna que haga brillar nuestro reino por las noches? —dijo Bragi.

—No tendremos más noches. Ni más días —pronunció pensativo Loki.

—¡Basta de elucubraciones inútiles! —gritó Odín para dirigirse a continuación al desconocido constructor—. ¡Extranjero! ¡Márchate! ¡No vuelvas hasta que el sol se esconda!

El extranjero obedeció. En Valaskjálf continuó el festín y las discusiones, hasta que Loki calló a todos y sugirió con vehemencia lo que deberían hacer.

—Le diremos que sí. Aceptaremos la propuesta.

—¡De ninguna manera entregaremos lo que pide! —exclamó Odín.

—No he dicho que le demos nada a cambio de su trabajo.

—¿Y entonces? —varios dioses preguntaron al unísono.

Luego todos hicieron silencio. Sabían que lo que vendría a continuación sería la descripción de una de las siempre astutas —pero también siempre peligrosas— propuestas del dios de las mentiras.

—Le diremos que aceptamos el trato, pero que deberá cumplirlo en menos tiempo incluso: en tres estaciones —comenzó a hablar Loki—. El extranjero iniciará la construcción de la muralla. Durante el duro invierno, lo veremos arrastrar cada una de las piedras. Llegará la primavera y continuará su ardua tarea. Cuando el sol caliente las nieves y arranque el verano, no habrá acabado todavía. El sol quemará su frente y seguirá adelante. Le diremos que, si la muralla no está culminada cuando termine el último día del estío, deberá renunciar a obtener lo que pide a cambio. Yo mismo me ocuparé de que no la pueda concluir. Entonces, cuando acaben las tres estaciones, no habrá cumplido su trato y deberá partir sin obtener nada. Se irá por donde vino y nos habrá dejado la muralla a punto de terminarse. Luego nosotros seremos capaces de completarla en poco tiempo.

Afuera los copos suaves de la nieve recién caída ya habían tapado las pisadas del extraño. En el gran salón de Valaskjálf todos los dioses afirmaban en silencio. Ninguno confiaba del todo en los planes tramposos de Loki, pero todos ansiaban tener la muralla erigida cuanto antes.

El sol comenzaba a ocultarse. El extranjero estaría a punto de volver para escuchar la respuesta de los dioses de Asgard.

—¿Estáis de acuerdo? —preguntó Loki a los dioses, pero mirando fijamente a Odín.

—Sí —contestó el padre de todos los dioses—. Necesitamos la muralla. Como bien dices, querido Loki, le diremos que aceptamos el trato, que debe terminarla antes del otoño y que no podrá contar con ninguna ayuda.

Todos estuvieron de acuerdo. El extraño volvió cuando la luna ya iluminaba el cielo. Atendió a la respuesta de Odín e hizo una mueca tosca con la boca, que acompañó con una leve queja sobre el recorte del plazo propuesto por los dioses. Pero aceptó de todas formas. A continuación, añadió:

—A pesar de las exigencias que me imponéis, os daré la muralla —sentenció con tono enfadado—. No pido a ningún dios, ni enano, ni gigante. Sólo necesito la ayuda de mi caballo, Svadilfari.

—Concedido. Tu caballo será el único ser con permiso para ayudarte —accedió Odín.

—En el primer día de otoño el reino de Asgard estará protegido por una muralla infranqueable. Cuando la última piedra haya sido colocada, vuestro sol, vuestra luna y vuestra bella Freya serán míos. Todos vosotros —pronunció mirando al resto de los dioses— sois testigos de nuestro trato.

Luego el extranjero se retiró del palacio. Después de un silencio que se prolongó durante unos pocos segundos, Valaskjálf se inundó de nuevo de risas. Sólo dos dioses permanecieron ajenos al festín que se reanudaba: Frey y Freya.

*

No había amanecido y el maestro constructor ya había comenzado su trabajo. Partió con su caballo hacia la montaña, cargando el trineo vacío, y volvió cuando ya había salido la luna con los bloques de granito más enormes que jamás se hubieran visto en Asgard: cada uno de ellos era más grande que un gigante y, aun así, el caballo del misterioso extranjero parecía arrastrarlos sin esfuerzo.

El constructor colocó la primera piedra de la muralla en el punto más oriental del reino. Era el inicio de una gran construcción que protegería para siempre a los dioses aesir. Sus manos parecían aún más grandes cuando asían las piedras. Fue colocándolas una por una y, cuando todas estuvieron en su lugar, partió nuevamente a buscar otras.

Así, durante días y noches, el extraño recorrió de un lado a otro los caminos hacia las montañas de Asgard, con su caballo, el trineo, las piedras enormes y un andar lento, pero sin pausa.

Los días y las noches transcurrían y la muralla crecía. Los dioses se alegraban al mismo tiempo que aumentaba su preocupación. Comenzaron las fuertes nevadas del invierno asgardiano, pero ni siquiera éstas detuvieron al maestro constructor y a su caballo. El trineo se hundía en la nieve blanda que ya había cubierto el palacio de Valaskjálf y todo lo que lo rodeaba. El blanco comenzó también a teñir la nueva muralla. Cada piedra nueva se apoyaba y encastraba con la anterior. Fueron más intensos el frío, el viento y las nevadas. Fue cada vez más densa la muralla y cada vez más alta.

Y entonces los días comenzaron a ser más largos y las noches más cortas.

El constructor y su caballo continuaron los trabajos sin descanso cuando la nieve empezó a fundirse. El trineo avanzaba sobre los charcos en los que el hielo se mezclaba con el barro. La nieve fue derritiéndose y el lodo se espesó. El trineo dejaba marcas negras en el camino a su ida y a su vuelta. Las patas del caballo se hundían en la tierra húmeda.

Mientras tanto, la muralla ya era más alta que las ventanas del palacio de Valaskjálf.

En esos días no hubo tiempo en que el extraño detuviera su marcha. Llegó la primavera. Se secó el barro. En el camino que recorría el constructor brotaron las primeras flores amarillas. El camino que había sido blanco, y después oscuro, ahora brillaba con los colores de la primavera.

La muralla ya era más alta que los techos de plata del Valaskjálf.

El extranjero incansable continuaba su trabajo. Los pétalos de las flores amarillas comenzaron a secarse. La tierra fue ocre, los pétalos secos se volaban con el viento. Las estaciones y los dioses en Asgard continuaban el camino circular del tiempo. Los pájaros y sus cantos fueron otros. El extranjero permanecía ajeno a los cambios de la tierra y los vientos. Solamente prestaba atención a la altura de la muralla, que crecía sin pausa. El sol calentaba las piedras. El sudor del caballo impregnaba el aire. Los dioses comenzaron a preocuparse.

La muralla parecía tocar el cielo.

Un par de días más y llegaría el otoño. Faltaban apenas unas pocas piedras para que la muralla estuviera acabada. Y entonces Odín estalló de furia.

Los dioses se reunieron otra vez en la gran sala y ninguno pudo disimular su irritación.

—¡Vamos a tener que entregar al sol y la luna! —exclamó uno.

—¡Perderemos para siempre a nuestra bella Freya! —se lamentó otro.

—Nuestra ambición nos habrá dado la muralla más alta, pero también habrá arruinado nuestro reino —pronunció resignado un tercero.

—¡Loki! —gritó Odín, y el dios de la mentira entró corriendo al palacio.

—Os veo muy preocupados —dijo Loki, intentando disimular su propia desesperación.

—Por supuesto —respondió Odín—. Nuestra salvación está a punto de llegar, pero también nuestra condena.

—Qué maravilla este constructor, ¿verdad? ¿Cómo podíamos saber que su caballo era capaz de arrastrar piedras más grandes que su propio cuerpo y que cualquier dios de Asgard?

Odín no podía contener en su cuerpo la furia que sentía. Los lobos que descansaban junto a su trono también parecían irritados. Gruñían. El Padre de Todos había perdido la calma. Se puso de pie, encolerizado, y sentenció:

—Loki, hijo de Farbauti y Laufey, querido dios que tanto nos resguardas como nos desamparas, en este momento dictamino tu sentencia: si el extranjero concluye la muralla, cuando llegue el otoño nosotros perderemos la brillante luna, el eterno sol y a la bella Freya, pero tú perderás tu oscura cabeza.

—Querido dios Odín, faltan todavía veinticuatro horas para que llegue el otoño —intentó calmar Loki a Odín, pero ni siquiera él sabía cómo iba a poder salir airoso.

—Que la primera hoja no caiga del primer árbol antes de que hayas detenido la fuerza del extranjero y su caballo.

*

Amaneció al día siguiente, y Loki había desaparecido de Asgard. Los dioses temían lo peor. La muralla era enorme, maciza y más alta de lo que habían imaginado. Protegía a Asgard por todos los costados. Ningún enemigo podría atravesarla jamás, pero tampoco la luna iba a iluminarla, ni el sol a calentarla. Apenas faltaban unas piedras del lado sur para que estuviera del todo terminada.

Los dioses miraron al sol por última vez. Contemplaban también el color de las flores que el otoño iba a dejar atrás. Con la muralla acabada desaparecería también la primavera y el verano, y Asgard quedaría sumergido en un invierno oscuro e interminable. El blanco de las montañas se teñiría de oscuro para siempre.

La diosa Freya lloraba desconsolada. Rogaba que fuera Frey quien le cortara la cabeza a Loki cuando apareciera. Odín gritaba llamando a Loki. Caminaba con pasos largos por todo el palacio de Valaskjálf. Gritaba con más desesperación que enfado. Pero Loki no se mostraba por ningún lado. Quien apareció fue Thor, que volvía del este alertado por las malas noticias. Los dioses, desanimados, deambulaban por el reino intentando no agotar sus últimas esperanzas.

De pronto, a lo lejos, divisaron al extranjero, a su caballo y su trineo, sobre el que reposaban las piedras que iban a culminar la muralla. Éstas, sin embargo, eran diferentes del resto: su color era bastante más claro.

Odín gritó. El extranjero y el final se acercaban. Loki no aparecía.

El caballo Svadilfari avanzaba firme, y sobre su grupa cargaba las más pesadas desesperanzas.

Pero, entonces, algo ocurrió. El animal detuvo la marcha. A su lado había aparecido una yegua de crines marrones.

Svadilfari comenzó a mover la cola y pareció olvidarse de su carga y de su dueño. La yegua, cuyo pelaje era tan brillante que reflejaba los rayos del sol, se colocó al lado del caballo. Sus cabezas se rozaron, se irguieron a la vez como en un intento de acariciarse. Las crines de uno se confundieron con las del otro. Sus patas se alzaron. El constructor, visiblemente confuso, golpeó al caballo con las riendas, pero sin éxito: no logró que el animal avanzara. Abrumado por la desesperación, golpeó más fuerte al caballo, ya no sólo con las riendas, sino con toda la fuerza de sus gigantes brazos. Después intentó empujarlo para que retomara el camino. Pero Svadilfari permanecía en el mismo lugar, junto a la yegua.

Entonces el caballo pateó con fuerza el trineo y logró zafarse del arnés, un impulso que acabó con el constructor en el suelo. Se oyó un relincho más fuerte que el grito de Thor llamando a Mjölnir y los dos caballos salieron galopando en dirección a las montañas de Asgard. El extranjero se incorporó, todavía sin entender muy bien lo que sucedía, y quiso arrastrar él las piedras, pero sin éxito. Solo no iba a lograrlo. Se enfureció y vociferó, corriendo en dirección al lugar hacia el que marchaban los caballos, pero no pudo alcanzarlos, ni siquiera acercarse.

La yegua y el caballo huyeron galopando a través del prado y se perdieron a lo lejos, donde ya ningún dios ni gigante podría divisarlos. Siguieron trotando por los caminos, alejándose cada vez más, mientras caía el sol y luego salía la luna y, por mucho tiempo, nadie supo nada de ellos.

El extranjero, enfurecido, entró en el palacio de Valaskjálf. Atravesó los pasillos con tal furia que él mismo parecía un caballo sin domar. Entró a la sala principal donde estaban reunidos los dioses, inhaló con fuerza para detener su rabia y trató de hablar con calma.

—La muralla está terminada. Me marcharé cuanto antes. Exijo mi paga antes de partir.

—Desde aquí puedo ver los ladrillos que faltan —sentenció Odín.

—La muralla está terminada —repitió el extranjero desatendiendo lo que pudiera decir cualquier dios.

—¿A eso llamas una muralla terminada? ¿Esos huecos sobre lo alto del extremo sur qué significan? ¿Acaso alguna muralla puede decirse concluida si todavía hay espacio por el que puedan entrar los enemigos?

—La muralla está terminada —volvió a repetir con un grito y tanta furia que el suelo del palacio tembló—. Mis brazos y mi espalda han cargado pesadas piedras sin detenerme ni un solo día. El sol y la luna, el frío y el calor, me han visto ir y volver, cargar y colocar cada una de las rocas que hoy rodean vuestro reino.

—Lo siento, extranjero, te equivocas. Hicimos un trato y tu parte no está cumplida —replicó de nuevo Odín.

El constructor lanzó un grito feroz, ya sin palabras. Thor alzó su martillo y se puso en guardia.

—Agradecemos lo que has hecho hasta el momento, extranjero. Puedes volver al lugar de donde has llegado. El sol, la luna y Freya serán nuestros para siempre como recuerdo de lo que no has podido concluir —y Odín se despidió.

El extranjero ya no pudo contener más su aliento y su furia, y su cuerpo estalló, dejando atrás una cáscara que se esparció por la tierra y que mostró el cuerpo, hasta ahora escondido, de un gigante. Éste extendió sus brazos y sus piernas y dio un paso hacia Odín, decidido a golpearlo con toda su fuerza. Sin embargo, Thor, alerta y dispuesto a defender al reino, a su padre y a doblegar a aquel peligroso gigante, le lanzó el martillo contra el rostro.

Y entonces la cabeza del gigante que antes había sido maestro constructor se partió en mil pedazos.

*

Once meses más tarde, Loki aún no había aparecido. La tranquilidad ya se había instalado nuevamente en el reino de Asgard. La furia de los momentos vividos había quedado detrás. El tiempo había calmado el ánimo de los dioses. El sol y la luna continuaban marcando los días y las noches del reino. Freya había vuelto a sonreír.

Desde la ventana del palacio, los dioses vieron acercarse la figura de un dios a lo lejos. De inmediato reconocieron que era Loki. Estaban dispuestos a aceptar, resignados, el regreso del dios de la trampa. A su lado iba caminando lo que parecía un animal muy extraño. Cuando estuvieron más cerca, los dioses se percataron de que a Loki lo acompañaba un pequeño caballo.

Recordaron entonces a Svadilfari, el animal que había estado a punto de sumirlos en la más completa oscuridad. Recordaron también a la yegua que los había salvado. ¿De dónde provenía ahora el extraño caballo de Loki? A sus mentes arribó la última visión de aquellos animales partiendo hacia las montañas como dos seres ensimismados.

Loki y su caballo atravesaron la puerta de la muralla y, al hacerlo, el dios palpó los nuevos muros con una sonrisa. Miró hacia lo alto y contempló el hueco, la parte que no había terminado el maestro constructor. Su esfuerzo había valido la pena. Los dioses lo esperaban sin festejos, pero también sin represalias.

Ingresaron al palacio de Valaskjálf. Ningún ojo en Asgard podía dejar de contemplar y admirar a aquel caballo que parecía brillar.

Odín pudo comprobar que se trataba de un potro de color gris. Debía de tener pocos días de vida. Cuando estuvo aún más cerca descubrió maravillado que tenía ocho patas. Era un digno animal para el reino de Asgard. Mayor aún fue la sorpresa cuando hizo un pequeño relincho, abrió la boca y descubrieron que sus dientes estaban adornados con runas grabadas.

—Se llama Sleipnir —dijo Loki cuando estuvo frente a Odín.

El potro, cuyas patas hacían esfuerzos por mantenerse rectas, volvió a relinchar tímidamente.

—Será el caballo más veloz del universo. Más que la luz y el viento. Para ti, querido Odín. Es mi regalo como agradecimiento —añadió Loki.

Odín habría querido preguntar qué era lo que Loki estaba agradeciendo, pero decidió callar. Simplemente, aceptó el regalo. Contempló maravillado a ese potro de ocho patas. Se puso de pie para acariciarlo. Le tocó suavemente el pequeño lomo. Era suave y caliente. Luego se asomó a una ventana de Valaskjálf. Desde allí pudo contemplar, a lo lejos, la muralla de Asgard, casi terminada, iluminada por el sol y la luna.

La muralla más alta y maciza. Felizmente asimétrica. La que podría haberles costado perder casi todo, pero la que los protegería para toda la eternidad.

La que permaneció para siempre sin su última piedra.

Thor en el reino de los gigantes

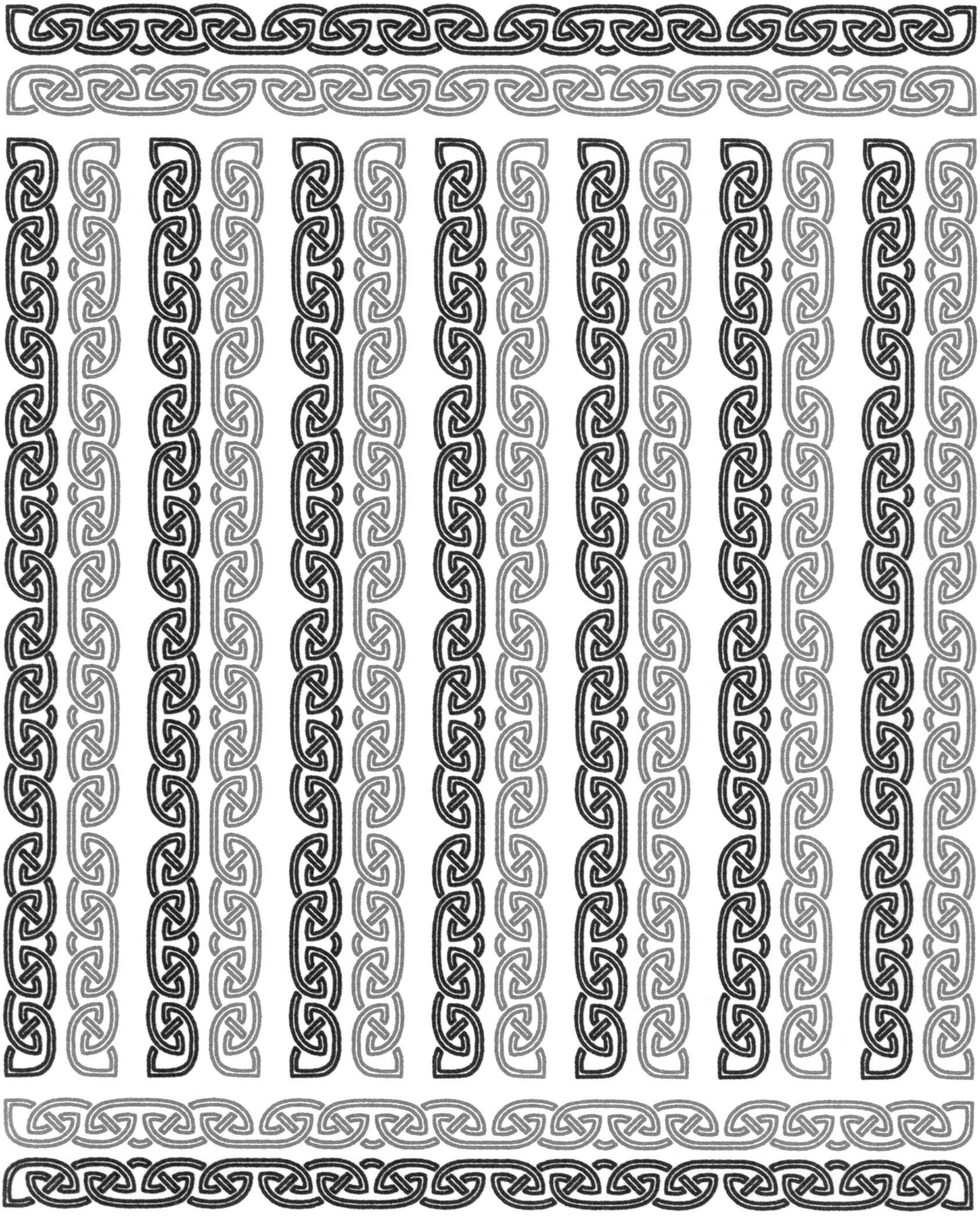

Su ansia por conocer los mundos y los seres que lo habitaban era tan grande como su fuerza y su poder. Por eso, una vez más, Thor, el poderoso dios del trueno, dejó su reino y partió hacia los límites del universo. Esta vez quería conocer por sí mismo la tierra de los gigantes. Su deseo por descubrir si entre los enormes seres confinados en Jötunheim existía también la magia, su avidez por comprender si eran realmente una amenaza para el universo, su necesidad de verlos de cerca, mirarlos a la cara —tocarlos si pudiera—, lo impulsaron con fervor a emprender el gran viaje más allá del mar que rodeaba las tierras de Midgard.

Partió de Asgard junto a Loki. Compartir el viaje junto al dios de las mentiras era una garantía de complicaciones, pero Thor había considerado que la astucia de Loki podría ser útil contra los ardides de los imprevisibles gigantes. No en vano, su compañero de travesía era hijo de un gigante y conocía muy bien el comportamiento de esa cruel raza.

Ambos dioses estaban dispuestos a recorrer leguas de tierra y mares y aires, y a hacer frente a todo peligro que apareciese en el camino. Los carneros Tanngnjóstr y Tanngrisnir tiraron del carro de Thor con toda la fuerza de sus osamentas. El aire empezó a golpear los rostros de Thor y Loki. La velocidad los hacía sentirse enormes y, al mismo tiempo, diminutos, tal era la inmensidad de los paisajes que atravesaban. Eran conscientes de que les esperaba una gran aventura. Ya antes de partir sabían que de aquel viaje, si lograban regresar, volverían transformados para siempre.

Dejaron pronto atrás el reino de Asgard y el Bifröst, que conecta el mundo de los dioses aesir con el de los humanos. Recorrieron el primer largo tramo y, antes de que los alcanzara la noche y el hambre, decidieron detenerse en una granja para recuperar energía, alimentarse y poder luego continuar. Habían llegado hasta la frontera de poniente de Midgard, desde donde podía contemplarse el ancho y frío mar que separa el mundo de los humanos del de los gigantes, la oscura tierra de Jötunheim. En el principio de los tiempos, aquel océano infranqueable, fruto de la sangre de la primera de las criaturas, Ymir, había sido el obstáculo necesario que aislaba a los frágiles humanos de la maldad de los gigantes; sin embargo, en los últimos tiempos por los páramos de Jötunheim se había extendido el uso de la magia y los gigantes se las habían ingeniado para llegar a Midgard envueltos en niebla para saquear granjas y cosechas y sembrar el terror entre sus habitantes.

Y Thor, como dios protector de los humanos, no lo podía permitir.

En el extremo más occidental de la costa oeste de Midgard, Thor y Loki encontraron la granja de Egil, su esposa y sus hijos Thialfi y Röskva. Cuando éstos vieron acercarse a los dos dioses sobre el carro tirado por aquellos imponentes carneros, quedaron petrificados. Era la primera vez que recibían una visita de tal categoría y no sabían cuál debía ser la manera correcta de actuar. Tanngnjóstr y Tanngrisnir detuvieron la marcha justo frente a la puerta de la cabaña y Thor y Loki bajaron del carro. La familia entera de humanos hizo una reverencia a los recién llegados. El primero en hablar fue el dios de las mentiras:

—Necesitamos un lugar donde pasar la noche y comida suficiente para dormir sin que nuestros estómagos crujan.

—Seáis recibidos con devoción. Tenemos para ofreceros todo nuestro respeto, pero no creo que nuestra comida de humanos sea suficiente. El invierno y las lluvias fueron crueles con nuestras cosechas y apenas nos quedan patatas para la cena.

—¡Pon ya mismo esas patatas al fuego! ¡Rápido! Yo mismo os ofreceré lo demás —gritó Thor.

Mientras el vozarrón del dios del trueno todavía resonaba en el aire, éste desenfundó el cuchillo y, con dos golpes certeros, mató a sus carneros. En pocos instantes, allí mismo, los despellejó, los partió en trozos y los metió en el mismo caldero en el que el agua ya hervía con las patatas.

Cuando la comida estuvo lista, Thor se sirvió un carnero para él solo y entregó el otro a los demás comensales. Desplegó las pieles a un costado y allí fue colocando los huesos de la carne que comía sobre uno de los pellejos. Pidió a los demás que hicieran lo mismo sobre el otro y añadió furioso:

—¡Ni se os ocurra partir ningún hueso!

Thor no sabía que antes, cuando no los estaba mirando, Loki se había acercado a Thialfi y le había explicado un secreto:

—He visto cómo te mueves —le había dicho Loki al oído, casi susurrando— y debo decirte que pocas veces me he topado con un humano tan veloz como tú. Si quieres ser más fuerte y mucho más rápido aún, deberás partir un hueso y probar el tuétano de estos carneros.

Entonces, cuando Thialfi tuvo los trozos de carne en sus manos, comió hasta pelar los huesos y partió uno por la mitad. Después bebió su tuétano, haciendo caso al dios de las mentiras... y desobedeciendo al del trueno. Luego escondió el hueso roto debajo de los demás y siguió comiendo.

Esa noche los dioses y los humanos durmieron bajo el mismo techo, satisfechos por el banquete que habían disfrutado. Al día siguiente, antes de partir, Thor envolvió con las pieles de sus carneros cada montoncito de huesos de los animales y dirigió su martillo hacia el cielo. Un relámpago iluminó la tierra y el primer carnero se recompuso; otro golpe de martillo al cielo, un nuevo relámpago, y el otro animal volvió también a recuperar su forma.

Entonces Thor ordenó partir. Pero cuando Tanngrisnir fue a levantarse, cayó al suelo y gimió de dolor. Tenía quebrada una de sus patas.

—¿Quién ha osado romper un hueso de Tanngrisnir? —exclamó Thor enfurecido.

Loki miró hacia el horizonte y se escabulló detrás de la cabaña sin que nadie lo viera, ni siquiera Thor, demasiado ocupado con su propia rabia. Egil y su esposa comenzaron a temblar cuando una nube negra empezó a formarse sobre la cabeza del dios del trueno.

La pequeña Röskva quedó paralizada: jamás había visto un enfado del calibre del de Thor. Thialfi dio un paso al frente y, a pesar del miedo que hacía temblar sus extremidades, se animó a responder:

—He sido yo quien te ha desobedecido. —Y se arrodilló ante el dios del trueno.

—¡Levántate ahora mismo y cura al animal! —vociferó Thor.

En los ojos del dios del trueno pudo verse una chispa de piedad.

Thialfi marchó de la estancia y, en un instante, ya estaba de vuelta y vendaba la pata de Tanngrisnir. Cuando hubo terminado, Thor levantó su martillo y rugió:

—¡Cómo habéis osado desafiarme! ¡Juro que no quedará tabla sobre tabla ni piedra sobre piedra de vuestra granja!

Egil y su mujer comenzaron a llorar y a rogar a Thor el perdón por la ofensa de su hijo. Thialfi se arrodilló de nuevo y suplicó:

—Mis padres y mi hermana están libres de culpa. Sólo yo he bebido el tuétano.

—Os he entregado comida y me habéis devuelto un animal quebrado —contestó Thor.

—Por favor, poderoso Thor, no dañes a mi familia ni quemes su granja. Soy veloz y podré ayudarte en lo que me pidas. Déjalos en paz y llévame contigo. Seré tu sirviente. A partir de ahora te obedeceré en todo lo que ordenes —se ofreció Thialfi.

Thor bajó el martillo. No estaba del todo convencido de llevar consigo a un humano en un viaje como aquél. Era veloz, sí, pero desobediente. Aun así, pronunció:

—De acuerdo, pero si vuelves a incumplir mis reglas volveré aquí mismo y de todo esto quedarán sólo cenizas. Mis carneros permanecerán al cuidado de tu familia. Debemos llegar a Jötunheim antes de que vuelva a caer la noche.

*

Thor, Loki y Thialfi surcaron las oscuras aguas que los separaban del mundo de los gigantes en una pequeña barca. Se había desatado una tormenta y las olas los superaban varias veces en tamaño. Sin embargo, el feroz viento, aunque amenazaba con hundir el frágil esquife, también fue el que los impulsó hacia su destino, hacia la tierra salvaje de Jötunheim. Según se aproximaban a la cordillera que servía de límite natural de aquel reino, la contemplación del muro más alto de la creación dejó a Thialfi sin el poco resuello que le quedaba en los pulmones. Esa visión, que desde los acantilados de Midgard le había intimidado y aterrorizado, desde la cercanía le provocaba un pavor atroz que casi rayaba el dolor físico. Estaba claro que, sin la compañía de los dioses, un humano jamás habría conseguido alcanzar la orilla de Jötunheim.

Pero lo hicieron. Llegaron empapados, aunque la barca apenas había sufrido un par de rasguños con los escollos. La dejaron oculta entre unas rocas y los tres viajeros iniciaron su camino por los áridos senderos del mundo de los gigantes. Allí, en la orilla, la arena era gruesa y opaca. A su paso fueron encontrando costillares y cráneos de enormes animales marinos, restos de ballenas cubiertos por algas, huesos partidos con vestigios de escamas de bestias que ya no existían, restos de monstruos marinos de tamaño inimaginable. El viento continuaba azotando la orilla y levantaba granos de arena que pinchaban a los viajeros como insectos furiosos.

Caminaron tierra adentro y, cuanto más avanzaban, más intenso era el frío, como si estuvieran acercándose al punto más helado del universo. La nieve caía sin pausa. Muy pronto sus ojos dejaron de ver claramente. Así anduvieron durante largas horas, hasta que, de pronto, apareció la lluvia y después el granizo. La barba roja de Thor se cargaba de escarcha. Loki y Thialfi temblaban de frío y de cansancio. La noche profunda los encontró antes de que llegaran a su destino.

Decidieron detenerse a descansar. Dejaron sus provisiones sobre la nieve, pero eran conscientes de que debían buscar un lugar donde guarecerse de la noche. De este modo, se separaron, caminando en tres direcciones distintas para localizar un refugio. No habían pasado siquiera unos minutos cuando Thor encontró una gran cueva, la que prometía ser una guarida tranquila para sus sueños. Después, con su vozarrón convocó a sus compañeros de viaje y Loki y Thialfi se dirigieron hacia allá.

—Qué extraña cueva esta que se abre en medio de una llanura blanca —señaló Loki.

El frío y el cansancio, sin embargo, derrotaron los escrúpulos del dios de las mentiras y, como el resto, se arrastró hacia la oscuridad del único abrigo en aquella tempestad de hielo y nieve.

Loki y Thialfi se acostaron sobre el suelo tibio y, nada más apoyar la cabeza sobre él, cayeron rendidos en un profundo sueño. Sin embargo, un extraño ruido mantenía alerta a Thor, sin duda menos cansado que el resto de los viajeros. Era un rumor intermitente y molesto, áspero, como si dos lijas gigantes rozaran entre sí con parsimonia; una especie de bramido amplificado por el eco de aquella gruta.

Con más furia que cansancio, el dios del trueno decidió inspeccionar los corredores de la cueva. Caminó en las sombras durante unos minutos hasta que, de pronto, ante él apareció lo que creyó una montaña. Aquélla era la fuente del ruido y del temblor. Entonces lo supo.

Estaban junto a un gigante dormido. Y lo que sonaba como un estruendo rítmico era el ronquido de la inmensa criatura.

Thor se aupó sobre aquel enorme ser y se acercó a su cara. El gigante, molesto por el corretear de lo que parecía un diminuto parásito, se despertó y abrió los ojos. Sus monstruosas pupilas se encogieron y dejaron casi desnudo un iris de un azul muy profundo, tanto como el del cielo en primavera. El asgardiano pudo ver su cuerpo entero reflejado en él antes de que una terrible voz se manifestara:

—¿Quién eres, miserable insecto?

Thor, sin amedrentarse lo más mínimo, contestó:

—Soy Thor, dios del trueno. ¿Con quién hablo?

—Me llaman Skrymir, que significa grandote —dijo el gigante y su voz retumbó en la nieve—, pero, en realidad, soy de los más pequeños de mi raza.

Thor, al escuchar aquello, intentó imaginar el tamaño de los demás seres que podrían encontrarse por ahí.

—Tengo frío en esta mano —aseveró el gigante, moviendo sus dedos—. He perdido mi guante. ¿No lo habrás visto?

Thor podía contemplar su propia cara de asombro reflejada en el ojo inmenso que lo miraba.

—¡Ahí está! —exclamó de pronto Skrymir, y estiró su cuerpo para levantar el guante que completaba el par.

El guante era la cueva donde Thor, Loki y Thialfi se habían refugiado para pasar la noche.

—¡Uh! Hay piedritas aquí dentro —dijo, y sacudió el guante.

De pronto, cayó a la nieve lo que el gigante había creído que eran guijarros, pero que en realidad eran Loki y Thialfi todavía medio dormidos.

Los tres viajeros observaron al gigante. Más allá de su tamaño, estaban sorprendidos por su sonrisa.

—Hola, extranjeros. Mi nombre es Skrymir —volvió a presentarse frente a los dos nuevos recién llegados—. Bienvenidos a Jötunheim. Puedo guiaros hacia donde vayáis.

—Queremos conocer al señor de estas tierras —contestó Loki.

—A Utgard entonces —respondió el gigante, para después brindarse amablemente—. Seré vuestro guía en estas inhóspitas tierras.

Después, Skrymir ofreció a los viajeros que guardaran sus pertenencias en su morral. Éstos así lo hicieron, y de este modo emprendieron el que iba a ser el último tramo del camino hacia la fortaleza de Utgard.

*

Skrymir andaba con pasos lentos. Detrás lo seguían Thor y Loki con la velocidad de los dioses y, sin quedar muy atrás, avanzaba también Thialfi como el humano más rápido que jamás hubieran conocido. Llegó otra vez la noche y decidieron acampar. El gigante, antes que ellos, apoyó su cabeza contra una montaña, dijo que no tenía hambre, les dio las buenas noches, cerró los ojos y comenzó nuevamente a roncar.

Pero los dioses y el humano, aunque el esfuerzo de la caminata los había rendido y agotado, necesitaban comer antes que descansar. Sin embargo, su comida se hallaba en el morral del gigante, cuyo sueño parecía muy profundo. Cuando Loki quiso deshacer el nudo de la cuerda que sellaba la bolsa para buscar dentro las provisiones, se percató de que aquella estaba atada con la fuerza —evidentemente— de un gigante. No iba a poder hacer nada.

Thor, que ya empezaba a estar molesto con los ronquidos, también se enfureció con el morral, la cuerda y la provisiones.

—No os preocupéis. Con un golpe de martillo caerán los hilos que nos impiden comer —dijo.

Levantó su martillo, lo dispuso frente a la bolsa y lo bajó con un golpe certero. Pero la cuerda parecía atada con hierro. No hubo nada que Thor pudiera hacer para desatarla.

No obstante, Thor estaba decidido a poder comer y descansar esa noche. Iba a despertar a Skrymir. Trepó entonces por el hombro del gigante hasta su cuello y caminó por su cara hasta quedarse de pie sobre la frente del coloso. La furia le anulaba cualquier temor. Thor sólo quería detener esos ronquidos, que el gigante abriera los ojos y que desatara la cuerda del morral para así comer y descansar.

El dios del trueno levantó su martillo, decidido a darle un golpe al gigante para despertarlo y así silenciar la tierra. Bajó sus brazos con ímpetu y Mjölnir descargó todo su poder en la cabeza del gigante. Skrymir tan sólo se rascó y pronunció unas palabras incomprensibles para todos, excepto para Loki:

—Creo que ha dicho que una hoja ha caído sobre su cabeza.

Ante esto, Thor se enfureció aún más. Jamás se había sentido tan pequeño y débil. Decidió duplicar su fuerza. Todavía de pie sobre la frente del gigante empuñó nuevamente el martillo y dio un salto, utilizando el impulso para propinar otro golpe sobre la cara del gigante. Skrymir volvió a balbucear:

—¿Nieva? ¿Ha sido eso un copo de nieve?

Thor por poco estalló de furia. Nuevamente cogió carrerilla y, con toda su fuerza, se lanzó hacia la frente de Skrymir. En el cielo aparecieron relámpagos y sonaron truenos. El gigante abrió un ojo, y después el otro.

—¿Se ha posado acaso un pájaro en mi frente? —preguntó, ahora sí, de forma clara, y añadió—: Creo que ya es hora de despertar.

Después se incorporó y desperezó, haciendo caer a Thor, en quien la cólera había dado paso al desconcierto. Ya no hubo tiempo ni de dormir ni de comer, y los viajeros decidieron reemprender la marcha.

—Hasta aquí he sido vuestro guía —dijo Skrymir—. Ahora debemos separarnos. Vosotros vais a Utgard, debéis marchar rumbo al amanecer; y yo iré al oeste, hacia el ocaso. Aquí os despido. No os sorprendáis si os topáis con seres de mayor tamaño que el mío: siempre hay alguien más grande de lo que imagináis.

Y Skrymir se fue dando pasos agigantados que hicieron retumbar el suelo de Jötunheim. Thor, Loki y Thialfi se quedaron solos, pero no lamentaron la despedida.

*

Caminaron varios días más hacia la claridad del este. Finalmente, por encima de los nubarrones grises, vieron aparecer las torres de lo que parecía un gran castillo. Sin duda, aquélla era la fortaleza de Utgard y hacia allí se dirigieron. Cuando estuvieron cerca, se abrieron las puertas, como si en el interior estuvieran esperándolos.

Se adentraron en el lugar como pequeños insectos que se atreven a pisar una jaula de leones. Recorrieron pasillos que no parecían tener fin hasta que comenzaron a oír voces lejanas que, poco a poco, se convirtieron en un estruendo ensordecedor: habían llegado a una gran sala repleta de gigantes que los miraban con curiosidad. Los había tan grandes como Skrymir, pequeños como un descomunal dios, y enormes como una monumental colina. Al fondo, sobre un trono que no pudieron abarcar con una única mirada, estaba aquel que les habló:

—Os doy la bienvenida a nuestro reino, asgardianos —y añadió dirigiéndose a Thialfi—: y también a ti, humano. Mi nombre es Utgardaloki.

—Gracias por vuestra hospitalidad —gritó Loki, que presentó a la comitiva entre alaridos para hacerse entender.

A los dioses les sorprendió tan amable acogida; tanto, que también les invadió la desconfianza, sobre todo a Thor. Eran ellos quienes habían ido a medir las fuerzas de sus posibles enemigos, pero sentían que eran los gigantes quienes los estaban midiendo a ellos.

—¿Y tú, pequeño humano, a qué has venido? —le preguntó Utgardaloki a Thialfi.

—Estoy aquí para acompañar y servir a mi dios.

—Un gran banquete os espera, pero antes es costumbre en nuestro reino que los recién llegados hagan muestra de sus habilidades, especialmente si son seres extraordinarios como vosotros, asgardianos.

Las mesas estaban colmadas de platos enormes repletos de viandas de todo tipo, abundaban la carne y la fruta. Las jarras rebosaban de hidromiel y cerveza. Los gigantes vociferaban y comían sin descanso. Thialfi, hambriento, sentía cómo sus ojos se escapaban a la contemplación de aquellos manjares.

Fue Loki quien osó aceptar el reto de Utgardaloki y dio un paso adelante:

—Soy el dios que come más y más rápido.

—No dudo de que en Asgard seas algo fuera de lo común, pero no creo que seas capaz de ganarle a Logi, aquí presente —contestó Utgardaloki mientras señalaba a un gigante de monstruoso tamaño.

—Comeré más y más rápido que él, sin duda alguna —replicó Loki.

El desafío quedó planteado. El rey de los gigantes hizo repiquetear una campana y entraron varios sirvientes con bandejas rebosantes de comida.

—La mesa de mi izquierda será alimento para ti, asgardiano; la de la derecha será la comida de Logi. Cuando dé la orden comenzaréis a tragar todo lo que aquí os hemos servido.

Loki sonreía. Nadie en Asgard, ni siquiera el propio Thor, lo había vencido en un campeonato cuyo ganador se dirimiera por la cantidad de comida ingerida. A continuación, el dios de las mentiras se sentó en un banco a la mesa que le indicaba Utgardaloki y quedó a la espera de la señal que daba inicio al concurso. El gigante Logi ni se dignó a mirar al dios rival, ya que sus ojos no se despegaban de la comida que había sobre las bandejas.

Utgardaloki tocó la campana y la competición arrancó. Sobre las mesas no se vieron seres comiendo, sino tan sólo remolinos borrosos que en apenas segundos engulleron casi todo lo que había sobre ellas. Sin embargo, mientras que Loki no pudo terminar y quedó agotado y ahíto en el décimo plato, Logi no solamente había ingerido toda la comida, sino también los huesos que sobraban, e incluso había tragado las bandejas de madera sobre las que antes había habido alimentos.

—No quedan dudas de quién es el ganador —exclamó Utgardaloki con una sonrisa hasta que lo invadió una carcajada—. Hay quienes decían que los dioses aesir eran grandes.

Cuando Loki escuchó esas palabras sintió que la vergüenza lo descomponía. Se sintió el ser más pequeño del universo. Quiso irse para siempre de Jötunheim y volver a sentir la grandeza a la que estaba acostumbrado en otros lugares. Pero supo que jamás podría olvidarse de aquella derrota.

Entonces fue Thialfi quien se animó a desafiar a los gigantes.

—Soy el más veloz —dijo simplemente.

—¿Tú, humano, crees que puedes competir con uno de los nuestros? —preguntó Utgardaloki.

Soy más rápido que los dioses y que los gigantes de este reino, más veloz que todo lo que se mueve en la naturaleza —replicó Thialfi.

—Eso habrá que demostrarlo —lo desafió Utgardaloki, y llamó a Hugi, un gigante de pequeño tamaño.

—Queremos ser justos, humano, así que te haremos competir con un niño.

Thialfi sintió que desmerecían sus méritos, pero no se animó a contradecir a Utgardaloki. Primero demostraría que podía vencer a ese crío y después pediría correr con un gigante de verdad.

Los gigantes y los dioses se dirigieron hacia las puertas del palacio. Ahí mismo situaron la línea de salida: los corredores debían dar la vuelta a la fortaleza de Utgard. Quien llegara primero al punto de partida sería declarado el ser más veloz.

Thialfi y el niño gigante se colocaron detrás de la línea.

—¡A la de tres! —gritó Utgardaloki antes de la cuenta atrás y de dar la señal de salida.

Thialfi se puso a correr como nunca había corrido hasta entonces, hasta el punto de que llegó a sentir cómo su cuerpo se descomponía, e, incluso, cómo sus piernas avanzaban más deprisa que su propia conciencia. ¿Sería el tuétano del carnero de Thor lo que le otorgaba esa ligereza? Thialfi se sentía mucho más que veloz y alcanzó la meta en apenas un instante, imaginándose a Thor proclamándolo el más raudo escudero. Sin embargo, nada más detenerse descubrió que su rival había llegado antes que él. Mucho antes.

Quiso llorar al descubrir la verdad, y pidió una segunda oportunidad. Sabía que, si se esforzaba, realmente iba a poder lograrlo. Y los gigantes aceptaron nuevamente el desafío.

—¡Tres, dos, uno, ya! —gritó Utgardaloki y los corredores salieron disparados.

Esta vez Thialfi concentró todos los esfuerzos en sus pies y trató de no mirar a los lados. Sintió cómo empujaba la tierra con sus tobillos, que ahora sí lo conseguía. Y logró hacer el recorrido en menos tiempo que antes, pero cuando llegó el niño gigante ya lo estaba esperando.

Desconcertado, pidió la última oportunidad y se la otorgaron.

—¡Tres, dos, uno, ya! —y volvieron a correr.

Thialfi concentró toda su fuerza en sus puños, que movía hacia atrás y adelante sin descanso. Fue más rápido aún que la vez anterior. Pero el niño gigante, nuevamente, lo esperaba sonriendo en la línea de llegada.

Entonces Thialfi se dio por vencido. Miró sus pies cansados, doloridos, quiso irse de ese lugar para siempre.

Llegó el turno de Thor. El dios de la fuerza, la tormenta y los relámpagos poseía el temple más grande que cualquiera de todos los gigantes. Dijo que él podía beber más que todos juntos en aquel lugar.

Así que entraron otra vez en la fortaleza. Cuando estuvieron en la gran sala, se sentaron en los bancos todos menos Utgardaloki, que lo hizo en el trono. Éste hizo un chasquido con los dedos y dos sirvientes entraron en la sala con un cuerno rebosante de hidromiel. Thor sentía pena por Loki y Thialfi, ¡qué pequeños habían resultado ser! Él debía ser el encargado de demostrar la grandeza de los dioses aesir y se sentía con toda la fuerza para lograrlo. El cuerno era inmenso, pero sabía que nada era demasiado grande para él.

Utgardaloki dijo que sus hombres ingerirían el líquido en apenas dos tragos y luego indicó al sirviente que le alcanzara el cuerno al dios. Thor comenzó a beber. Para su sorpresa cada vez que el líquido recorría su garganta, sentía más sed. Aquel hidromiel estaba frío y salado. Thor dio un trago muy largo y luego otro y otro más. Su sorpresa fue aún mayor cuando vio que, a pesar de todo lo que había tragado, el nivel del líquido en el cuerno había apenas descendido.

—Pequeños tragos de un pequeño ser —lo provocó Utgardaloki, y Thor se sintió humillado.

—Dame otra vez el cuerno y verás cómo lo vacío en menos de lo que tarda un rayo en iluminar el cielo.

Thor tuvo otra vez el cuerno en sus manos. Inclinó su cabeza hacia atrás y fue bebiendo todo lo que pudo hasta que sintió que el líquido le hinchaba las entrañas y que se desplomaría o simplemente explotaría si no se detenía. Devolvió el cuerno, casi lleno, sin poder creer del todo lo poco que había descendido el nivel del líquido, sin levantar la vista del hidromiel, sin poder enfrentarse con los ojos que lo miraban.

—Ya que eres débil para beber, pequeño dios, puedes demostrar tu fuerza de alguna otra manera —lo desafió Utgardaloki.

—Por supuesto —aceptó Thor, que se notaba inflado con todo el líquido en su cuerpo.

—Traeré a mi gato a ver si puedes levantarlo.

El desafío le pareció una nueva humillación. ¿Cómo podía ser que el dios del trueno se enfrentara a un simple animalito? A pesar de eso, calló para demostrar que estaba dispuesto a cualquier enfrentamiento. Loki y Thialfi miraban la escena desde lejos.

Utgardaloki colocó a su gato en el centro del salón e hizo una señal a Thor para que intentara levantarlo. El gato era más grande que el dios, pero Thor no se dejó amedrentar por el tamaño del animal. Así, se acercó decidido a sujetarlo y a alzarlo por encima de su cabeza y tirarlo por los aires, lo más lejos que fuera posible para demostrar por fin su poder. Se colocó por debajo del gato para levantarlo con su mano derecha, pero no lo logró; lo intentó con las dos manos y tampoco; lo probó con todo su cuerpo y le fue imposible. Cada vez que intentaba sujetar al animal, éste arqueaba la espalda y lograba mantenerse firme sobre el suelo. Thor acometió una y otra vez aquella empresa absurda hasta que, únicamente, pudo alzar una pata del gato. Y, por fin, se dio por vencido.

—Veo que tu arrojo de dios no puede ni con un simple gato —se burló Utgardaloki—. Como última oportunidad, te permitiré demostrar tu fuerza luchando contra... mi nodriza.

Thor quiso reírse, pero ya nada le causaba gracia en esa seguidilla de fracasos.

La criada se presentó en el salón. Era una anciana que apenas podía moverse. Tenía la piel caída y sus brazos eran flacos y débiles. Sin embargo, Thor desconfió y se acercó a ella con cautela. Entonces Utgardaloki dio la orden para comenzar la lucha y el dios comprendió que, con toda su aparente debilidad, la anciana era más poderosa que el conjunto de sus fuerzas. Thor se volvía más débil cuanto más luchaba. Invocó todo su poder y lanzó el grito más intenso que sus pulmones le permitieron y después saltó con la intención de acabar con la mujer, pero fue ella quien logró empujar a Thor al suelo. El dios acabó con una rodilla apoyada en la tierra.

—Suficiente —declamó Utgardaloki.

Y Thor supo que sí, que ya era suficiente humillación para él y sus acompañantes.

Desanimados, sintiéndose los seres más diminutos en el universo, comenzaron su retirada. Abandonaron el salón primero, recorrieron los pasillos del palacio que sentían cada vez más grandes y atravesaron las puertas de la fortaleza de Utgard.

*

Utgardaloki escoltó a los tres viajeros hasta la salida y, cuando estuvieron en las puertas de la fortaleza, el señor de los gigantes se animó a revelar los secretos que a los visitantes les devolverían los ánimos perdidos.

—No sois tan pequeños como os sentís.

—Sí que lo somos –dijo Thor, que no podía contener su tristeza y caminaba cada vez más encorvado y con su barba cada vez más cerca de la nieve.

—Yo mismo era Skrymir —reveló Utgardaloki.

—No es posible —lo contrarió Thor.

—Por supuesto que lo es, no debéis olvidar que la magia hace posible lo imposible.

—¿Pero entonces? —y, cuando lo preguntaba, Thor volvía poco a poco a creer en sí mismo.

—Usé la magia para que no me reconocierais —respondió Utgardaloki—, como la he usado desde que desembarcasteis en las costas de Jötunheim. Sé perfectamente dónde reposa vuestra barca y seguí vuestros pasos por el eterno frío de estas tierras.

—¿Y por qué ahora me cuentas todo esto? —preguntó Thor.

—Porque ya he logrado lo que ansiaba. Yo mismo fui Skrymir para guiaros hasta mi fortaleza y, cuando el cansancio me pudo y hube de descansar, decidí hacerlo bajo una montaña. Y suerte que lo hice así, ya que me sirvió de escudo de tu martillo cuando quisiste despertarme. ¿Veis esos valles ahí a lo lejos? —Utgardaloki señaló tres grandes cuencas que se abrían entre los montes—. Son los tres golpes que tú me has dado en la frente. Sin la montaña entre tu arma y mi cabeza me habrías partido el cráneo al primer embate.

Thor comenzaba a recuperar su ánimo y su cuerpo volvió a erguirse. Loki y Thialfi caminaban a su lado y escuchaban atentos la revelación.

—¿También en mi caso has utilizado la magia? —intercedió entonces Loki, deseoso también de recuperar su ánimo.

—No eres el único que conoce los trucos del engaño, querido Loki —le respondió el gigante—. Debes saber que tú no has competido contra un gigante. Tu rival ha sido Logi, la mismísima encarnación del fuego. Nada devora más y más rápido que las llamas calientes.

—Lo supe desde un principio —lo interrumpió Loki, orgulloso, queriendo mostrar que a él nadie podría engañarlo.

—¿Y yo? —preguntó Thialfi, deseoso de escuchar también una explicación a su derrota, dudoso de que, en su caso, al tratarse de un simple mortal, Utgardaloki hubiera necesitado la magia para vencerlo.

—Tu carrera, humano, fue contra Hugi, la encarnación del pensamiento —explicó el gigante—. ¿Acaso hay algo más veloz que el pensamiento? Nada en este universo; siempre será más veloz que la acción. Tu desafío estaba perdido antes de comenzar.

Thialfi de pronto había recuperado su sonrisa.

—¿Y del cuerno no te has dado cuenta? —preguntó Utgardaloki a Thor.

—Dime que también ahí había un truco.

—Te has bebido el agua del océano, querido dios del trueno. ¿Acaso no has sentido el sabor de lo que tragabas? El cuerno estaba unido con el mar. Eres tan enorme que lograste bajar el nivel de las aguas del mar que separa Jötunheim de Midgard. Las mareas que verás a lo lejos a partir de hoy son obra tuya y de su sed insaciable.

Thor iba poco a poco recuperando su semblante. Cada palabra que escuchaba de Utgardaloki borraba algo del malestar de la derrota, pero, al mismo tiempo, empezaba a sentir el fastidio del engaño.

—¿Y la gata? Dime algo de ese animal que estuvo a punto de vencerme —preguntó Thor, curioso.

—La gata era Jörmundgander, la serpiente de Midgard que se enrosca alrededor del centro del mundo. Jamás nadie había logrado levantarla ni un ápice, y sólo tu descomunal fuerza lo ha conseguido.

—¿Y la anciana? ¿Cómo ha sido posible que no viera antes lo que ahora me estás contando? —preguntó Thor con la urgencia de terminar de comprender todo lo que había sucedido.

—Has salido a luchar sin mirar. La anciana es la vejez. Nadie podrá nunca vencerla. Al final es cuestión de tiempo, pero siempre nos derrotará a todos —explicó Urgardaloki.

—¡No a Thor, el dios del trueno!

—Puedes darte por satisfecho: a ti sólo ha logrado doblarte una rodilla.

—¿Por qué nos has engañado de tal forma? —pidió explicaciones Loki.

—La magia ocultó a vuestros verdaderos enemigos, pero reveló vuestras propias verdades. Quería conocer vuestros límites y me habéis sorprendido. Con estos desafíos he comprobado la fuerza que poseéis y la inmensidad de vuestro temple. A partir de ahora me aseguraré personalmente de que ninguno de vosotros vuelva a encontrar el camino hasta nuestro reino —lo dijo tranquilamente y, mientras hablaba, su cuerpo fue alejándose.

Cuando terminó la última frase ya había desaparecido. Los tres viajeros habían fracasado en los desafíos, pero, al intentar lo imposible, se habían superado a sí mismos. La fortaleza que se veía a la distancia se cubrió de bruma, comenzó la lluvia y todo Utgard se desvaneció entre los grises de la nieve y la tormenta. Thor, Loki y Thialfi emprendieron el camino de vuelta a Midgard.

El robo del martillo

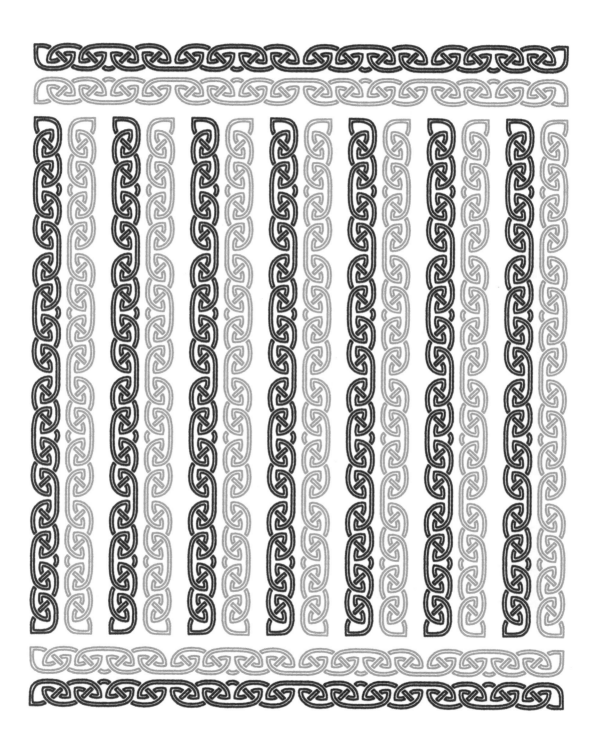

Quizá la expresión de espanto se debía a sueños turbulentos. Quizá la postura del cuerpo correspondía al dolor tras el final de la batalla. Thor, el dios del trueno, dormitaba en su cama de Bilskirnir, agotado tras el esfuerzo de la lucha contra el enemigo. Todavía había sangre en su cara. Una esquirla le punzaba en la frente, bajo su piel. El sudor de la guerra corría por todo su cuerpo.

Sin abrir los ojos, estiró el brazo derecho, y luego los dedos, para acariciar su martillo, Mjölnir. Pero no lo encontró. Creyó que seguía soñando. Sacudió la mano. Los dedos inmensos del dios se desplegaron aún más. Pero, para su sorpresa, sólo tocaron el vacío. Ahora sí, súbitamente, abrió los ojos. No era un sueño. Parecía una pesadilla.

No estaba ahí.

El martillo no estaba ahí.

Había desaparecido.

El dios se levantó de un salto. Thor había olvidado por completo todos sus dolores y heridas.

Se inclinó y buscó por el suelo. El martillo tenía el poder de hacerse minúsculo y quizá lo había reducido exageradamente, como otras veces. Pero Thor estaba seguro de que, incluso aunque tuviera el tamaño de un insecto microscópico, sería capaz de encontrarlo. Mjölnir lo protegía de todo peligro. Sentía que era la fuente de su fuerza. Le urgía volver a tenerlo en su mano. ¡Ya mismo! Iba a recuperarlo, aunque se dejara la vida en ello. El dios del trueno comenzó a arrastrarse por toda la habitación como un reptil que ansía capturar a su presa. Enfurecido, gritó, llamando a los hermanos Thialfi y Röskva, los dos humanos que siempre lo acompañaban y ayudaban:

—¡Thialfi! ¡Röskva! ¡Mjölnir! ¡Ha desaparecido Mjölnir! ¡Estamos en peligro!

Los dos hermanos entraron corriendo a la sala y fueron testigos de la desesperación del dios. Por un momento, no lo creyeron y comenzaron también ellos a buscar el martillo. Revisaron las ropas que había usado en la batalla, salieron a recorrer todo el palacio de Bilskirnir en busca de aquel objeto mágico. Pero el martillo no aparecía. Como último recurso y esperanza, Thialfi y Röskva sacudieron las manos de Thor. Quizás encontraran algo diminuto entre sus dedos que, a causa del agotamiento, el dios no había podido percibir. Pero no. El poderoso martillo de mango corto no se había reducido; simplemente se había volatilizado. Mjölnir había sido forjado en lo más profundo de Svartálfaheim por los enanos Eitri y Brokk y se había concebido para acertar siempre en el blanco y después volver a las manos del dios del trueno. Algo grave estaba sucediendo.

—Si el martillo no ha regresado significa que alguien lo está reteniendo —aseguró Röskva.

—Que alguien lo ha robado —corrigió Thialfi.

Thor se incorporó y los hermanos creyeron que la furia iba a hacerle estallar el cuerpo. Su oscura capa se movía hacia un lado y hacia el otro por la sala. Debajo de las pieles el dios se movía como un remolino en llamas. Abría y cerraba la mano derecha sin poder controlar la ausencia de Mjölnir, como si el vacío le estuviera haciendo perder la cabeza.

Intentó calmarse. Volvió a su cama y se recostó. Cerró los ojos. Llamó a Mjölnir con sus pensamientos. Levantó los brazos imaginando que el martillo llegaba volando desde el lugar donde estuviera. Él, apenas el martillo tocara su mano, cerraría el puño rápidamente. El arma que más amaba sería otra vez suya y el reino de Asgard volvería a estar a salvo. Esperó. Esperó. Hizo fuerza con sus pensamientos a pesar de que el dolor le consumía la frente. Extendió aún más sus brazos. Pero nada llegó a sus manos.

*

Thor debía salir a buscar ayuda. A pesar de todo lo que los separaba y de los antiguos rencores que todavía hervían en lo más profundo de su cabeza, supo que Loki era la persona indicada a quien recurrir. Necesitaba la astucia del dios del caos, de los disfraces, de las mentiras. Loki lo recibió deseoso de poder ayudar. Casi parecía como si lo hubiese estado esperando.

—No tengo dudas de que alguno de los gigantes tiene tu martillo —dijo Loki.

—Pero ¿cuál de todos? ¿Y por qué? —preguntó Thor.

—Por qué lo han robado es fácil saberlo —contestó Loki.

Thor afirmó en silencio y volvió a inquirir:

—Pero... ¿quién lo tiene?

—Deberemos ir a descubrirlo.

—¿Y para qué? Mjölnir sólo responde a mis deseos.

—Eso también es fácil. Thor, tu desesperación te lleva por las preguntas equivocadas —observó Loki—. Tampoco importa cómo te lo han robado.

—Justamente eso iba a preguntar.

—Lo único que importa es quién lo tiene y cómo recuperarlo.

—Asgard corre peligro con Mjölnir en manos de los enemigos.

—Yo mismo viajaré al reino de los gigantes para devolverlo al lugar donde debe estar —afirmó Loki con seguridad.

Loki abandonó de inmediato a Thor y se dirigió a Fólkvangr, la residencia de Freya. La diosa de la fertilidad poseía el Valshamr, su célebre capa de plumas de halcón, que tenía la facultad de darle la forma de cualquier ave y así poder viajar entre los mundos del fresno Yggdrasil. No se sabe si mediante habilidad o engaño, pero Loki consiguió hacerse con el Valshamr y se lo colocó sobre los hombros. Comenzó a correr con los brazos abiertos y, al tercer paso, ya había levantado vuelo. Mientras sus brazos se agitaban en el aire, se convirtió en halcón y voló, atravesando las nubes y los mundos, más allá del Bifröst, de Midgard y de la cordillera que separa al reino de los humanos de Jötunheim, la tierra de los gigantes. Allí, desde el cielo, distinguió al rey Thrym, un enorme gigante de hielo. Loki descendió agitando sus alas suavemente, recuperando en el descenso su forma de dios, y aterrizó sin miedo junto a los pies de esa enormidad.

—¡Bienvenido a la tierra de los gigantes, querido Loki! —lo saludó la criatura con una voz que sacudía el aire.

—Me hablas como si me hubieras estado esperando —contestó Loki, y ya no tuvo ninguna duda de que ahí mismo iba a encontrar lo que buscaba. El gigante comía un trozo de carne que podría haber sido un animal entero.

—¿A qué has venido esta vez? —preguntó el gigante mientras masticaba y sonreía.

—El martillo de Thor ha desaparecido.

El gigante se rio, y entre la risa cayeron pedazos de comida que no había terminado de masticar.

—Seguro que el dios del trueno está desesperado... y el reino de Asgard, en peligro —rio más fuerte, y un trozo de aquella carne se le cayó de la boca, sobre la cabeza de Loki.

—Parece que nada de esto te sorprende —dijo el dios, y Thrym sacudió su cabeza con una risa que aturdía por su volumen y su espanto.

—¿Thor está muy enfadado? —preguntó la carcajada de Thrym sin esperar respuesta.

—El martillo debe regresar a donde pertenece.

—¿Cómo está la diosa Freya? ¿Es cierto lo que dicen que es ella la más hermosa de todas las diosas? —desvió la atención Thrym.

El gigante seguía masticando y se metió de golpe en la boca todo el resto del animal que le quedaba en las manos. Siguió hablando sobre Freya, pero Loki no podía entenderlo, y hubo de esperar a que terminara de tragar.

—¿Qué sabes de Mjölnir? —volvió a preguntar Loki—. Puedo ofrecerte recompensas... muy interesantes por cualquier información que me des.

El gigante se puso de pie. Era más alto de lo que Loki recordaba. Finalmente lo confesó:

—Soy yo quien tiene en su poder el martillo del dios del trueno. Lo he escondido donde nunca lo podrá encontrar ni él ni ningún otro dios de Asgard.

Loki había confirmado lo que ya sabía. Ahora simplemente debía trazar uno de sus planes maestros para tratar de recuperar el objeto divino.

—Te ofrezco un banquete a cambio del martillo —comenzó Loki.

—¡Eres muy gracioso, querido Loki! Ya has podido comprobar muy bien que comida, en este mundo, no nos falta.

—Sabes que puedo conseguirte el tesoro que desees. ¿Dónde escondes el martillo? —volvió a indagar Loki.

—¿Cuánto crees que cuesta Mjölnir? Es decir, ¿cuál crees que es el precio del reino de Asgard?

—Puedo colmarte de oro y ámbar para que tu palacio rebose de belleza —respondió Loki—. Pero no me contestas: ¿dónde guardas el martillo del dios del trueno?

—¿Crees que esa vana promesa es suficiente? ¿Unos simples metales preciosos a cambio del arma que protege vuestro querido mundo? El martillo de Thor está muy bien custodiado. Lo he escondido en un pozo tan hondo que sólo yo soy capaz de hundirme hasta esa profundidad para recuperarlo.

—Dame el martillo y te traeré a cambio todo lo que me pidas.

—¡Eres gracioso y te crees astuto! Pero a los gigantes nos sobra agudeza. Ofréceme algo y, cuando lo tenga entre mis manos, sólo entonces te daré lo que buscas —replicó Thrym.

Loki se quedó pensativo. Era consciente de que la astucia de Thrym intentaba jugar con su ingenio, pero también que el gigante tenía muy claro lo que quería. Y podía imaginárselo.

—¿Qué quieres entonces? —preguntó Loki con cierta resignación.

—Quiero la mano de la diosa Freya. Te doy ocho días para traerla. El martillo será mi regalo en nuestra noche de bodas —sentenció Thrym con una sonrisa traviesa en la boca.

*

Loki volvió a colocarse la capa de plumas y remontó el vuelo. Al poco tiempo había regresado a Asgard. De ninguna manera los dioses arrojarían a Freya a las zarpas de un gigante. Pero estaba claro que Thrym jamás devolvería el martillo sin obtener su recompensa...

¡Por supuesto! Tenía la solución. Las nubes de Asgard habían despertado su célebre ingenio.

Instantes después, aterrizó frente a Thor, que continuaba descontrolado por la furia. Cuando se le apareció Loki, por un instante lo invadió la esperanza, pero inmediatamente supo que Mjölnir no estaba con él.

—¿Qué sabes de mi martillo? —preguntó el dios del trueno.

—Ya he descubierto quién lo robó —respondió Loki.

—¿Quién y por qué?

—Jamás sabremos el por qué. Pero sí quién lo robó. Y es quien yo sospechaba.

—¡Habla de una vez!

—El martillo lo tiene Thrym y pide a cambio que la diosa Freya le sea entregada en matrimonio.

Thor largó un alarido que se convirtió en trueno.

—¡Abominación! ¡Vergüenza! —y añadió—: ¡De ninguna manera! ¿Quién se ha creído ese gigante repugnante?

Al poco tiempo, Thor ya había llamado a todos los dioses de Asgard, e incluso sugirió convocar a todas las demás criaturas de todos los mundos para declarar una guerra inmediata y necesaria contra los gigantes de Jötunheim. Sería una guerra que, inevitablemente, sacudiría las raíces del fresno Yggdrasil. Pero a Loki, el dios de la trampa, hábil en lograr sus mayores beneficios calculando los menores perjuicios, ya se le había ocurrido una idea.

Antes de que llegara la noche, se convocó una asamblea de dioses en Asgard. Cuando estuvieron todos reunidos en la gran sala del palacio de Valaskjálf, Loki expuso su plan.

—Thor deberá ir a Jötunheim, el mundo de los gigantes, disfrazado de novia. Llevará la cara tapada con un velo. Le pondremos el collar de los Brisings y una corona nupcial.

—Me niego rotundamente —gritó Thor.

—¿Qué opináis los demás?

—Soy yo quien va a decidir. Pensarán que me visto de mujer, se me verá la barba... —contestó Thor indignado—. ¡Loki, tú y tus malas ideas! No debería haberte enviado justo a ti a averiguar lo que sucede.

—Que opinen los otros dioses. Imagino que nadie de los aquí presentes desea la guerra —sentenció Loki.

Odín permanecía en silencio, observando la cólera de su hijo, que crecía cada vez más. El Padre de Todos habló pausadamente:

—Loki, una vez más, debo alabar tu astucia.

Thor, sorprendido, volvió la mirada hacia su padre. Le corroía la furia, pero, a la vez, confiaba en la sabiduría de Odín y en todo lo que él decidiera. Sabía que, si el Padre de Todos tenía una certeza, debía llevarla a cabo.

—El martillo no puede seguir ni una noche más lejos de tus manos, hijo mío —sentenció Odín—. Transformarte en otro para ser tú mismo te salvará a ti y nos salvará a todos, conservando la paz de los nueve mundos. —Y luego se dirigió a las diosas—: ¡Deprisa, sabias diosas del reino de Asgard! ¡Preparad a la novia para su noche de bodas!

*

Frigg, Fulla, Sif y las demás diosas corrieron a buscar telas lujosas, y joyas, y el collar, y el velo. Entre todas las divinidades de Asgard fueron adornando al dios del trueno, que no salía de su asombro, pero que, poco a poco, se iba haciendo a la idea. Le pusieron una falda y capas de las telas más brillantes. Le colocaron anillos de oro en sus dedos. Le cubrieron la cara con un velo celeste, y Var, la diosa del matrimonio, le plantó en la cabeza la corona nupcial. Después Freya se acercó dulcemente. Se quitó su collar de los Brisings y, con sus manos suaves, lo colocó en el cuello del dios.

—Con este collar engañarás fácilmente a cualquier gigante. —Y levantó el velo y besó la frente de Thor.

—No acudirás solo a Jötunheim —dijo Loki, y Thor temió y, al mismo tiempo, agradeció que el dios de las mentiras fuera a acompañarlo—. Seré tu doncella e iremos juntos a todas partes —dijo Loki y giró su cuerpo y volvió a girarlo, y de pronto se convirtió en una bella joven dispuesta a acompañar a su noble dama.

—Estamos listos —dijo Loki con voz femenina.

La novia y su doncella se subieron al carro de Thor, donde esperaban ya los carneros Tanngnjóstr y Tanngrisnir. A continuación, el dios del trueno sujetó las riendas y su carro comenzó a impulsarse hacia el cielo, con destino a Jötunheim.

—Difícil que todo esto salga bien —se oyó la voz de Thor desde el otro lado del velo.

—Tú debes permanecer en silencio, actúa como una novia callada, camina como una diosa a punto de casarse —aconsejó Loki.

—No sé cómo camina una diosa a punto de casarse —replicó Thor.

—Entonces muévete lo menos posible.

El carro recorrió Asgard, el Bifröst, Midgard, hasta que, de repente, apareció en el firmamento el esplendor de las montañas de Jötunheim. Se fueron acercando hasta que, finalmente, descendieron. Entre las tinieblas distinguieron los techos altos que brillaban y parecían tocar las nubes. Habían llegado a la fortaleza de Utgard. Caminaron por un patio con bueyes negros y un olor a estiércol que les impedía respirar con normalidad. Los recibió una giganta que podría haberles roto el carro de una sola pisada y que se presentó como la hermana de Thrym. Les pidió que la acompañaran. Los hizo caminar por largos senderos hasta llegar a una gran sala donde se celebraría la boda.

Allí dentro todo era desmedido. Las paredes brillaban como el oro. Los ojos de los dioses recorrían maravillados toda la sala. Miraron hacia arriba y lo que vieron fue el cielo. No había tejado en esa sala. Vieron las nubes primero. A lo lejos, pudieron también contemplar los picos de las montañas de hielo que rodeaban la fortaleza. Se sintieron empequeñecidos frente a tanta enormidad. En el centro de la sala había una mesa demasiado alta en torno a la que estaban sentados varios comensales y, en su cabecera, esperaba ansioso Thrym. Se puso de pie y el suelo retumbó.

—Bienvenidas a esta boda inolvidable.

—Inolvidable será —respondió la doncella.

Thor y Loki se sentaron cada uno a un lado de Thrym, tal como les indicó la hermana del gigante. Parecían aún más pequeños sentados en esas sillas colosales. Sobre el mantel blanco reposaban enormes fuentes de comida. Thrym miró a la novia y sonrió. Tan contento estaba que comenzó a cantar, y todos los que allí había acompañaron con palmas su canto. Luego se hizo el silencio y Thrym intentó tocar el brazo de la novia. Pero Thor lo apartó de un golpe seco.

—Todavía es pronto para tocar a la novia —se apresuró Loki ante el gesto incómodo del gigante—. Ya habrá tiempo para todo más adelante, después de la ceremonia.

Las gigantas miraban atentas a la bella Freya. Todas se preguntaban si realmente sería tan hermosa como se relataba en las historias que llegaban desde Vanaheim y Asgard.

Cuando Thor se acomodó en la silla, se le subió un poco la falda. Entonces una de las gigantas, extrañada ante lo que acababa de ver, preguntó:

—¿Puede ser tan bella una diosa con tobillos gruesos como dos troncos de árbol?

Loki le hizo un gesto brusco a Thor para que se colocara la falda y respondió con celeridad:

—Será un efecto de la luz. De todas las piernas que conozco son las suyas las más bellas.

Thrym permanecía ajeno a estos comentarios. Lo único que le importaba era apurar la comida que le entraba en la boca.

—¡Que continúe el banquete! —exclamó, y los gritos le hicieron escupir trozos de carne.

Varios sirvientes entraron en el salón con más fuentes de todo tipo de gigantescas viandas.

La novia comía con desesperación, sin apenas levantar el velo que cubría su rostro. En apenas unos minutos, devoró un buey entero y siete salmones. Masticaba sin pausa y haciendo un tremendo ruido que se oía en toda la sala.

—¿Puede ser tan buena esposa una diosa que no deja ni las raspas de los salmones que devora? —preguntó una giganta.

—Debe de ser un efecto de la emoción —aclaró la doncella—. Hace días que no come por los nervios de la boda.

Y Thor siguió engullendo las golosinas y los pasteles que metía en su boca bajo el velo. Después eructó y, de un solo trago, apuró el tercer tonel de hidromiel.

—¿Puede ser tan deseada una diosa que se bebe tres toneles de hidromiel en una cena? —preguntó otra giganta.

—Debe de ser el efecto de la felicidad —explicó Loki mientras Thor volvía a devorar otro salmón bajo su velo.

Thrym masticaba y bebía al mismo ritmo que su futura esposa. La miraba comer embelesado. No podía creer que Freya, la poderosa diosa del amor y la fertilidad, fuera a ser suya para siempre. Estaba exultante.

—No hemos oído aún la voz de la bella Freya —reclamó una giganta.

—Será que no tiene nada que decir —la calló Loki.

Cuando Thrym acabó el último bocado y todavía le chorreaba salsa por un lado de la boca, se puso de pie y sentenció:

—Ahora sí, voy a besar a la novia.

Thor se levantó de golpe y Thrym supuso que era su forma de aceptar el beso. Pero Loki se adelantó y sugirió esperar a que la boda se concretara. Sin embargo, Thrym ya se había acercado demasiado a la novia y llegó a ver los ojos de la supuesta Freya.

—Qué hermosos ojos tiene mi futura esposa. Aunque los veo demasiado ardientes.

—El deseo entero está contenido en sus pupilas —apostilló Loki.

—Pero qué silenciosa es. Me encantaría oír su dulce voz.

—El silencio es su reverencia —dijo Loki, y Thor se mordió la lengua hasta sangrar.

—Qué hermosos los dedos de mi futura esposa. Aunque los anillos de oro son demasiado pequeños para su talla.

—Se le han hinchado por la pasión que contiene su cuerpo.

—¡Demos comienzo entonces a esta boda de una vez! —gritó Thrym.

La hermana de Thrym miraba desconfiada desde un lado de la mesa.

Loki entonces exclamó:

—¡Que los gigantes de este reino desentierren el martillo de Thor y que lo traigan frente a mí para entregárselo a la novia y sellar de una vez este compromiso indestructible!

Las antorchas permanecían encendidas. Varios gigantes en la sala salieron corriendo y el piso tembló con sus pasos. Las gigantas seguían sentadas alrededor de la mesa. Loki aguardaba tranquilo. Thrym y Thor permanecían de pie contemplándose. Ambos imaginaban lo que ocurriría después de que el martillo estuviera en la sala.

Cuatro gigantes entraron cargando a Mjölnir. El martillo de Thor brillaba. El dios del trueno hubo de contener su impulso de agarrarlo al instante. Los gigantes depositaron el martillo en la mesa frente a Thrym, el gigante lo tomó en sus manos y habló:

—Con este regalo sagrado doy comienzo a la ceremonia. Que en este momento se acerque Var, la diosa del matrimonio, y consagre de una vez y para siempre mi unión con la divinidad más hermosa. A ella entrego este regalo sagrado como compromiso de nuestro vínculo eterno. Que el martillo de Thor selle esta unión —y Thrym colocó el martillo en las manos de la novia—. Y ahora, querida esposa, déjame que levante tu velo y pueda contemplar al fin tu rostro.

En ese momento, sin que el gigante lo notara, Thor ya había empuñado con fuerza su martillo y, con la mano que le quedaba libre, levantó lentamente el velo celeste. Su cara quedó al descubierto y los gigantes comprendieron de golpe el peligro ante el que se hallaban. Thor, todavía vestido de novia, alzó el arma hacia el cielo. Se subió de un salto a la mesa. Los gigantes no tuvieron tiempo de reaccionar. Thor tomó impulso y, con toda su fuerza, se lanzó desde la mesa hacia Thrym y aplastó con el arma el cráneo del que ya no sería su esposo. El coloso cayó sobre la mesa y la comida. Los demás gigantes tardaron en comprender lo que estaba sucediendo, y esos instantes fueron fatales.

Thor, todavía con los collares y anillos adornándolo, comenzó a lanzar golpes de martillo. Los relámpagos iluminaban la sala convertida en un campo de batalla. A pesar de la falda que lo incomodaba, Thor saltaba por todo el lugar dando martillazos a todos los gigantes que se le acercaban. Loki recuperó su forma de dios y continuó a un lado de Thor, acompañando los golpes imposibles del asgardiano. Algunos gigantes huyeron y otros intentaron defenderse, pero la ira, la furia y los golpes de martillo acabaron rápidamente con todo aquel que había asistido al banquete. De pronto, todo fue silencio y sangre, y los pocos rastros de una boda que jamás se iba a celebrar.

Thor corrió con el martillo en una mano y empujando a Loki con la otra. Subieron al carro y levantaron el vuelo otra vez. Retazos de la falda de la novia quedaron en el suelo manchados con la sangre de los gigantes. Los dioses volverían a su reino con el poder recuperado, volando a través de las nubes y las colinas blancas. El velo celeste quedó sobre la nieve y el viento lo hizo volar hacia un lugar del que nunca iba a volver.

Lejos fueron quedando el palacio destronado y las siluetas del humo gris de las antorchas apagadas, que ascendía hacia las cumbres como rastro del festín que había sentenciado a Thrym. En la distancia se perdió el aroma de aquel banquete convertido en la batalla que devolvía el poder a Asgard. Ya en el aire, Thor volvió a sentir que caía sangre de su frente.

Hervör y la espada mágica

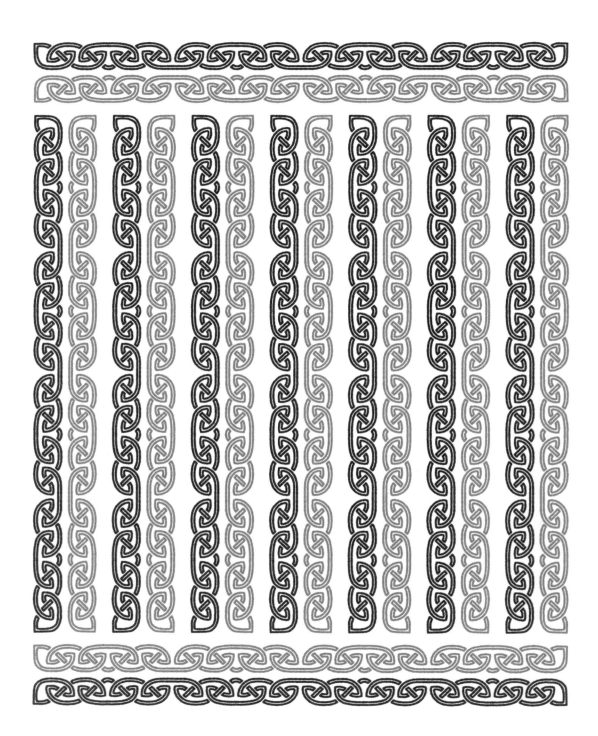

En una de las casas junto a los graneros y establos cerca de la costa, al oeste de las tierras que habitaban los danos en Escania, se despertó una joven, de nuevo atormentada por sus pesadillas. Con los ojos abiertos siguió viendo aún el destello amarillo que la había sobresaltado mientras dormía. Tenía el pelo revuelto, el cuerpo agitado y la mirada brillante.

—El fulgor de la espada ha comenzado a llamarte, Hervör, querida mía —le dijo su madre, y con un paño le fue secando el sudor de la frente—. O bien tú misma has ido a buscarlo en estos sueños que te perturban.

Hervör era una joven alegre durante el día y, desde hacía tiempo, un alma atormentada por las noches. Vivía con su madre, Sváfa, y con su abuelo, Bjarmar. No había llegado a conocer a su padre, Angantyr, muerto antes de que ella naciera.

Después de despertarse, Hervör se incorporó, se sentó en la cama y mesó su larga cabellera. De pronto su madre la vio esbelta, crecida; se había convertido en mujer.

Sváfa supo que había llegado el momento de explicárselo todo.

Durante mucho tiempo, su hija había tenido pesadillas que no lograba comprender. La mujer consideró que era hora de desvelarle a su hija qué significaban todas aquellas imágenes que le llegaban en los sueños. Así que comenzó a relatar:

—Tu padre tenía unos cabellos tan rubios como los tuyos. Y su cuerpo era de un tamaño descomunal, aunque, a pesar de eso, su voz siempre me resultó suave y pausada. Había nacido en la isla de Bolmsö. Cuando nos casamos, tras la boda portó sus armas a nuestra alcoba: poderosos arcos, enormes jabalinas, afiladas hachas... y entre todas había una muy distinta, una que parecía irradiar luz. Era una espada, una plateada y afilada hoja que tu padre guardaba en una vaina decorada con el relieve de un dragón.

»Muchas veces, al acercarme a ella, notaba un bisbiseo. Parecía que la espada me llamaba, pero de una forma que sólo mis oídos eran capaces de percibir. Aquello me sobrecogió, hasta el punto de que la simple visión del arma me provocaba escalofríos. Aun así, la curiosidad hacía arder mis entrañas.

»Un día, cuando tu padre había salido a cazar y pescar con sus hermanos, me armé de valor y toqué la espada. Sentí el calor del cuero caliente de la vaina y retiré la mano enseguida. Fue como haber palpado las brasas de una hoguera, el mismo corazón del fuego. El calor se extendió por mi cuerpo como una llamarada que prendía sin quemar. Tuve miedo. Pero no del ardor que me había herido, sino del ansia de poseer aquella espada.

»A partir de entonces, no pude dejar de pensar en ella. Había sentido el deseo de desvainarla, tocarla y hacerla vibrar en algún cuerpo caliente. Mis propios pensamientos me horrorizaron.

»Cuando tu padre volvió del bosque, lo tomé de la mano y lo llevé hacia lo más oscuro de la casa y, en susurros, como si la espada pudiera oír nuestras palabras, le hablé de ella. Mientras atendía a mi relato, el espanto se aparecía en su rostro. Me calló. Puso mi mano en su corazón y me obligó a jurar por su vida que jamás volvería a tocar la espada. Antes de jurar, le pregunté por qué, qué secretos escondía aquel metal maravilloso.

»Me explicó que la espada tiene un nombre: Tyrfing, que significa "asesina". Y que también posee una historia, un poder y una maldición.

»Hace un tiempo, existieron dos enanos, los más habilidosos maestros en la forja del metal. Se llamaban Dvalin y Durin. Tu bisabuelo Sigrlami, mucho antes de ser el *jarl* de los territorios orientales de Gardaríki, se topó con ellos en lo más profundo de un bosque. Sabiendo que los enanos se traían prósperos negocios con caudillos de la zona, decidió apresarlos y eso hizo. Después los encerró en una fragua.

»—Debéis forjar la espada más maravillosa que exista —les ordenó tu bisabuelo, a lo que los enanos se negaron. Pero Sigrlami sabía que los enanos, acostumbrados a la oscuridad de Svartalfaheim, no toleraban la luz del sol, y les amenazó con exponerlos a ella.

»Así que los enanos no tuvieron más remedio que empezar a trabajar en lo que iba a convertirse en la espada de tu padre.

»Dvalin y Durin grabaron unas runas en su hoja. Y, después del último martillazo, tu bisabuelo pidió templarla por última vez. La tomó por la empuñadura y la sumergió en el agua. El agua bulló y pareció incluso evaporarse. Un humo del color del fuego cegó a los enanos por un instante. Después Sigrlami levantó al cielo la espada, sintiendo que con ella sería el *jarl* más poderoso de todos los reinos. Fue en ese momento cuando los enanos renegaron de su forja, así que volcaron la fragua y juraron que la espada cargaría una maldición: acabaría con la vida de quien se proclamara su amo.

»Tu bisabuelo, deslumbrado por la belleza que tenía entre las manos, dejó escapar a sus creadores.

»Es un hierro infalible, jamás yerra, y su hoja es tan fuerte que ninguna otra arma podrá mellarla jamás; pero, sobre todas las cosas, es una espada sedienta de sangre y, cuando es desenvainada, no puede volver a su funda sin antes haber provocado una herida mortal —y concluyó tristemente Sváfa—: es un arma portadora de desgracia. Todos sus dueños murieron. Incluido tu padre».

Los ojos de Hervör se iluminaban por la curiosidad. Quiso saber más. Parte de las historias que su madre narraba las reconocía como propias, vívidas en imágenes que le habían llegado en sus sueños. Eran pesadillas con sangre, con heridas abiertas, pero dotadas siempre de una luz poderosa que la encandilaba.

—Pero ¿cómo llegó la espada a manos de padre? —preguntó Hervör.

—El día en que tu bisabuelo, cuando ya era *jarl* de Gardaríki, hirió y, sin quererlo, provocó la muerte de un sirviente, su hija Eyfura le pidió que guardara la espada. Así lo hizo, pero, a los pocos años, pueblos extranjeros amenazaron nuestras tierras. Tyrfing necesitaba volver a ser empuñada. El esposo de Eyfura, el joven Arngrim, jefe de nuestro poderoso ejército, la reclamó para defender las fronteras de Gardaríki. Pero Sigrlami, ya anciano, se resistía a entregarla. Su hija le repetía una y otra vez que era su esposo quien tenía ahora la fuerza para empuñarla y vencer. Sigrlami se negaba, no estaba dispuesto a entregar la espada que él había obligado a forjar y que le había pertenecido y acompañado en la conquista de sus más grandes ambiciones. Eyfura, determinada a lograr que su esposo empuñara el arma y que su padre se alejara del peligro, se acercó a la espada. Arngrim también dio un paso al frente. Pero el anciano Sigrlami, a pesar de sus brazos débiles, se aferró al acero como si fuera la razón de su vida y la representación misma de su reino. A punto estuvo de alzarla contra su yerno, pero el joven se adelantó. Después de un breve forcejeo, la espalda maldita abrió las carnes de su amo. Sigrlami cayó lentamente hacia un costado, herido de muerte.

Un leve suspiro salió de la boca de Hervör, que permanecía en silencio ante el relato de su madre.

—El reino primero lloró la desgracia —continuó Sváfa— y luego surgieron los rumores que acusaron a Arngrim de alta traición y de ser víctima de su ambición desmedida. Cuando las habladurías comenzaron a convertirse en voces acusadoras, Arngrim hubo de marcharse junto a su esposa a la isla de Bolmsö, su lugar de origen. Creyeron que podrían vivir y criar a sus hijos sin recuerdos dolorosos. Al emprender aquel viaje, Arngrim y Eyfura pretendían alejarse para siempre del destino fatídico.

—¿Y la espada? —preguntó Hervör.

—La espada se fue con ellos a Bolmsö. Y también su maldición inquebrantable. Allí, en esa hermosa isla, verde como un vergel, nacieron sus doce hijos. El primero de ellos fue Angantyr, tu padre. Los demás se llamaron Hjörvard, Hervard, Hrani, Hadding, Herling, Hauk, Hulf, Heinar, Holm, Hung y Hiss. Todos los hermanos eran *berserkers*, como tu padre, guerreros con la fuerza de osos, ignorantes del miedo y amantes de la lucha.

—¿Cómo era mi padre? ¿Era bueno? —preguntó de nuevo Hervör.

—Sí, tu padre era bueno, pero, ante todo, era un hombre valiente. Y confiaba en su sabiduría y en la inmensidad de su fuerza. La primera vez que lo vi me impresionó su piel de un albo casi transparente, su pelo rubio y sus ojos claros. Iba cubierto con pieles de oso y él mismo parecía una bestia gigante que espantaba a hombres y animales. Pero, cuando se despojaba de esas vestimentas, podías descubrir en su rostro la mirada más dulce y cautivadora que hubieras visto sobre la tierra. Me regaló este collar hecho con garras de oso —Sváfa señaló el colgante que llevaba en el cuello—. Me dijo que antes había sido de su padre. Cuando me lo puse, sabía que no me lo iba a querer quitar jamás, y así ha sido. Tu padre pidió mi mano... y yo acepté. Dejó a sus hermanos en la casa y nos fuimos a esta granja donde estamos ahora.

—¿Y la espada?

—La espada de tu abuelo fue para su primogénito.

—Mi padre.

—Eso es —respondió Sváfa.

*

Hervör había sido criada por su madre y por su abuelo, el padre de su madre, el *jarl* Bjarmar. Desde muy pequeña se había ejercitado con el arco, el escudo y la espada. Poco sabía de coser y tejer como las otras niñas. Esa mañana, tras la historia que le había contado su madre, empezaba a comprender sus propios sentimientos de doncella guerrera, silenciados hasta entonces.

Salió corriendo por el prado bajo el sol que iba secando el rocío. Sus pies descalzos, salpicados de arañazos por las hierbas de tantas otras correrías, pisaban el suelo húmedo. Cargaba en su hombro un arco y una flecha. La acompañaba su perro Stórr, que corría tan rápido como ella.

A lo lejos vio a su abuelo Bjarmar, que también había salido a caminar por la pradera y a practicar el arte del tiro al blanco. Hervör lo llamó para que la mirara y, cuando su abuelo se dio vuelta para buscarla, ella estaba llevándose el arco al pecho. Lo tensó y exhibió su puntería al clavar la flecha en una de las liebres que por allí corría.

Su abuelo le había enseñado a cazar pequeños roedores, pájaros y, en realidad, todo animal que se moviera en la tierra o en el cielo, a predecir el tiempo mirando al sol o las nubes durante el día, y a guiarse por las estrellas en las noches, a nombrar los vientos, a empuñar la espada... y a clavarla cuando fuera necesario. Bjarmar le daba a Hervör todo el cariño que un abuelo puede ofrecer a su nieta. Ella lo consideraba un anciano sabio que le brindaba las mejores lecciones para vivir y, al mismo tiempo, una especie de padre poderoso y formativo como el que nunca había tenido.

Bjarmar se sentía orgulloso de aquella niña astuta, guerrera e impávida que no siempre hacía caso a sus órdenes. Y es que a Hervör le gustaba desafiarlo y se divertía al hacerlo.

Aquel día estuvieron fuera de su hogar desde la mañana al atardecer. Practicaron con el arco, corrieron junto a Stórr y volvieron cansados antes de que se fuera el sol. Esa tarde, después de haber comido, se sentaron, como tantas otras veces, junto al fuego. Muchas noches el abuelo le había contado a su nieta historias de los dioses. Le hablaba de Odín y cómo había obtenido la sabiduría, le describía con cientos de detalles cada uno de los nueve reinos del universo y el fresno Yggdrasil, el águila que reposa en su copa y la ardilla Ratatosk que lo recorre incansablemente. También le hablaba de Loki y sus mentiras, de Thor y su martillo, de cuando los enanos forjaron a Mjölnir. Le hablaba de Freya y de su infinita belleza, de la aventura de Thor con el gigante Utgardaloki y de la muralla inacabada.

Ese día, Sváfa se había retirado a dormir más pronto que de costumbre. Bjarmar había comenzado a relatar una de sus historias de Asgard y del reino de los gigantes, pero Hervör lo interrumpió:

—Háblame de mi padre.

Aunque Bjarmar, en un primer momento, se sorprendió de la demanda de su nieta, en el fondo sabía que, por fin, había llegado el momento. Miró a Hervör con ternura. Ya no era la niña traviesa que él había ayudado a criar; era una joven madura y fuerte. Él siempre la abrazaría como a una niña pequeña, pero se había convertido en una mujer con cabellera larga y rubia, y su cuerpo opulento atraía la mirada de los jóvenes. Además, era un ser sensible y curioso que quería conocer su historia, la de su familia.

Entonces Bjarmar colocó los leños en el fuego y se sentó, dispuesto a conversar con su nieta, sabiendo que lo que iba a explicarle condicionaría su destino. El sol ya se había ido, el salón estaba frío y oscuro, pero ellos se hallaban protegidos e iluminados por la luz y el calor de las llamas. El crepitar acompañaba de fondo las palabras del abuelo.

—Angantyr era un valiente *berserker*, un gran guerrero, el caudillo de la isla de Bolmsö. Como sabes, era hijo de Arngrim y Eyfura, y el primogénito de doce hermanos. Tu madre explica que era un hombre dulce que abrazaba su vientre y te hablaba mientras crecías. Te contaba historias de su tierra y de sus once hermanos. Tú no te acuerdas, pero te cantaba y te decía cómo te enseñaría a cazar y a domar. Prometía tallarte juguetes con sus propias manos.

Hervör escuchaba atenta y sonreía con las palabras que iban construyendo la figura de su padre.

—Antes de que tu padre conociera a tu madre, se vio envuelto en una afrenta entre pueblos. Su hermano Hjörvard había pedido en matrimonio a Ingeborg, la hija del *jarl* Hlödver de Uppsala, una de las ciudades sagradas más prósperas de las tierras del norte. Sin embargo, cuando Hjörvard estuvo listo para la boda, apareció otro pretendiente. Se llamaba Hjálmar y le decían «El valiente». Había luchado junto al *jarl* y reclamaba a su hija por los servicios prestados. Juraba que estaba enamorado de ella y que sería el mejor marido hasta su muerte. Tu tío no se preocupó, porque, aunque ambos se hicieron merecedores del amor de Ingeborg, confiaba en el amor de su prometida. El *jarl* permitió entonces decidir a Ingeborg... y ésta, para sorpresa de todos, eligió a Hjálmar. Aun así, tu tío Hjörvard no se rindió y desafió a Hjálmar a un duelo.

»Los doce hermanos viajarían al duelo entre los pretendientes. Desde la isla de Bolmsö vinieron aquí en busca de armas y así planificar la estrategia para conseguir la victoria. Cuando los vi llegar supe que eran grandes guerreros. Entre ellos sobresalía tu padre, Angantyr, no sólo por su descomunal tamaño y su desbordante belleza, sino porque todos lo respetaban. Vinieron a mí y les prometí un barco. Los alojé en mi casa durante toda una primavera en la que celebrábamos banquetes cada día y nos quedábamos conversando hasta el amanecer. Disfrutamos de la caza y la pesca. Y me regalaron este collar hecho con garras de oso que puedes ver en mi cuello, querida Hervör.

»Fue entonces cuando, en aquellos meses de flores sobre los campos, Angantyr pidió la mano de tu madre y se casaron. Pero los guerreros de Bolmsö estaban aquí de paso y les esperaba una misión, así que, cuando llegó el verano, debieron partir. Tu padre retrasó el viaje todo cuanto pudo, pero llegó el momento en que debió acompañar a sus hermanos. Para entonces tú ya crecías en el vientre de tu madre. Los doce guerreros izaron las velas y se adentraron en las aguas. Y tu madre y tu padre se despidieron. Angantyr prometió regresar. Pero no sabía todavía que su cita era con la muerte».

Una lágrima quiso salir de los ojos de Hervör, pero ésta la contuvo.

—Emprendieron el viaje a un lugar del que jamás regresarían —continuó el relato Bjarmar con una tristeza infinita—. Todos murieron y ahora sus cuerpos reposan en la isla de Sámsey. Allí acudí yo mismo, y estos ojos contemplaron los túmulos de los doce hermanos con collares de garras de oso que los adornaban. Cuando volví a casa, me enfrenté con la triste tarea de hablarle a tu madre de la muerte de su esposo y padre de su hija. Lloró durante días eternos hasta que tú naciste.

—¿Y su espada? —preguntó Hervör.

El rostro de Bjarmar se ensombreció. Su nieta sabía mucho más de lo que él le estaba contando.

—Su espada descansa junto a tu padre, querida Hervör —le respondió Bjarmar—. Y allí debe quedarse para siempre.

Hervör sintió que sus entrañas bullían. Sin duda, era hija de un gran *berserker* que todavía vivía en su interior.

—Debo ir a buscarla —lo dijo sin dudar.

—Eso jamás —contestó firme el abuelo.

—Es mi destino —respondió Hervör con determinación.

Y Bjarmar supo que no iba a poder hacer nada para evitarlo.

*

Al día siguiente Hervör se levantó antes que el alba. Tomó unas tijeras y fue cortando poco a poco sus largos mechones de pelo rubio. Se vistió como un hombre, se puso encima sus pieles de oso y cargó al hombro el arco y las flechas. Estaba dispuesta a comenzar un viaje.

Se haría llamar Hervarðr.

Iba a recuperar para su estirpe la espada Tyrfing.

Su madre intentó disuadirla. Su abuelo ni siquiera lo intentó. Los dos volvían a ser testigos de la partida de un ser amado hacia la misma isla maldita. Hervarðr se despidió de ellos colmada de amargura, pero también de una firme convicción. El brillo que durante toda su vida había visto en los sueños la impulsaba a hacer ese viaje.

Bjarmar le obsequió una barca y se la entregó con toda la tripulación a bordo. Bajo las pieles brillantes de osos pardos y negros casi azules, bajo el andar de un hombre guerrero destinado a enfrentarse con sus enemigos con honor, viajaba una mujer transformada y decidida a recuperar la espada de su padre y su familia.

Hervarðr y sus hombres desplegaron las velas y navegaron hacia la isla de Sámsey, muy cerca de Jutlandia, por el mar Báltico. Viajaban hacia poniente desafiando el frío y los fuertes temporales, hacia el otro lado del agua, más allá de Escania e, incluso, de Selandia. Pasaron varias jornadas hasta que, por fin, divisaron a lo lejos la tierra firme que buscaban. La flota se acercó, pero, de entre toda la tripulación, sólo Hervarðr se atrevió a desembarcar.

Caminando por las rocas de la orilla, se percató de que la isla era más grande de lo que había imaginado. Hervarðr estaba empapada, pero muy pronto dejó de sentir frío. Una fuerza indescriptible la orientaba en su camino, y se dejó guiar. Cuando el sol llegó al ocaso, arribó al lugar. Era el indicado. Un fuego joven alumbraba unos túmulos sobre la tierra. Los contó. Eran doce. Sobre cada uno había un collar con garras de oso. Supo que ahí mismo estaba lo que había ido a buscar.

Uno de los sepulcros era más grande que los otros. No tenía dudas. Ahí yacía su padre. La noche estaba oscura. No había luna. Sólo el pequeño fuego iluminaba en rededor. Hervarðr se quitó sus pieles, se arrodilló a un costado de la tierra que cubría a su padre y gritó invocándolo. Con los brazos extendidos, y la voz que le quemaba desde el interior del estómago, pronunció su propio nombre:

—Soy Hervör, hija de Angantyr y Sváfa —y repitió el nombre de su padre—: Angantyr, hijo de Arngrim y Eyfura. He venido a buscarte.

Su voz era la voz de todos los que habían tocado alguna vez la hoja filosa de la espada maldita.

Llamó otra vez a su padre, invocó a sus tíos y se anunció como la heredera de la espada. Hubo silencio y luego un sonido. Era una voz asustada, un suspiro que le rogaba que no, que se fuera. La joven gritó otra vez. La tumba se abrió. Desde el interior salió una luz con un brillo que iluminaba más que el fuego. Entonces Hervör vio por primera vez a su padre, que estaba tendido, inmóvil. Lo oyó rogar y pronunciar en un susurro:

—Vete. Déjala dormir. Renuncia a Tyrfing.

La muchacha se inclinó sobre su padre y le dio un beso en la frente. Y entonces sintió la llamada. Era la espada. Era Tyrfing. Y la llamada del acero se confundió con su propia voz, que reclamaba su derecho como legítima heredera.

—¡Ven, Tyrfing, ven! —gritó.

Entonces, la tierra del túmulo de su padre tembló y sobre él se formó un cráter. Hervör, sin dudarlo, introdujo su mano en las tinieblas, en la oscuridad del suelo, y la asió. Era la empuñadura de Tyrfing, que se amoldaba a la mano de Hervör. Ésta tiró de ella y entonces apareció, como fuego sobre su cabeza. La muchacha la alzó hacia la oscuridad de la noche, y la tierra se cerró.

Sólo entonces se despidió de su padre, de sus tíos y, con la espada en su vaina, regresó por el camino hacia la playa. Al llegar a la orilla descubrió que su barca había partido. La tripulación la había abandonado. No había rastro de nadie. Hervör, convertida en Hervarðr, estaba sola en la isla, pero con la espada Tyrfing sentía que junto a ella estaban ahora todos sus ancestros.

*

Hervör tardó varios días en lograr abandonar la isla de Sámsey, pero, a partir de entonces, gracias a la fuerza que sentía y que le daba Tyrfing, ya no hubo para ella posibles peligros ni contratiempos. Subió a una embarcación que la llevó hasta Glaesisvellier, donde gobernaba el *jarl* Gudmund. Vestía como varón y el cabello aún no le había crecido. Todavía se hacía llamar Hervarðr.

Permaneció en la corte de Gudmund el Magnánimo durante mucho tiempo, luchó en sus batallas y se convirtió en uno de sus guerreros más reconocidos. Por las noches bebía y comía en los banquetes y jugaba al *hnefatafl* con el *jarl*. Cargaba con Tyrfing cuando salía a luchar y, por las noches, la colgaba en su habitación, donde pudiera verla desde la cama.

Una noche, sin embargo, Hervarðr decidió ir a buscar la espada cuando estaba en mitad de un banquete. El *jarl* debía ser testigo del brillo de aquel acero. Cuando estaba junto a éste, Hervarðr quiso desenvainarla, pero no pudo lograrlo. Un cortesano se acercó en su ayuda y, cuando ella forcejeó con fuerza y finalmente pudo sacar a Tyrfing de su funda, rozó con la hoja de acero el cuello del infeliz, que comenzó a desangrarse en medio del banquete. Por primera vez, Hervarðr sintió miedo de propia fuerza. Recordó las maldiciones de la espada y las advertencias de su familia.

Asustada y agotada, aquello la convenció de que había llegado el momento de regresar a su hogar junto a su madre y su abuelo. Abandonó la corte y comenzó un largo camino de regreso hacia su casa.

Había decidido volver a llamarse Hervör y vivir una vida más serena y pacífica. Cuando finalmente llegó a las tierras de Escania, su madre la abrazó y su abuelo, ya muy anciano, le agradeció que hubiera vuelto antes de su muerte.

Las cicatrices de las batallas fueron cerrándose. Su pelo creció. Hasta que un día fue convocada por el *jarl* Gudmund. Su hijo Höfund quería pedirle matrimonio.

Así que Hervör volvió a Glaesisvellier y se celebró una gran boda en el palacio. Y, muy pronto, tuvieron dos hijos, a los que llamaron Angantyr y Heidrek. La espada permaneció en el reino sin ser desenvainada mientras ellos fueron felices.

Los años transcurrieron. Heidrek creció y se transformó en un joven violento y difícil de dominar. Aunque sus padres lo enviaron a una corte lejana para que recibiera una educación que mejorara su carácter, una noche, mientras los reyes celebraban un gran banquete, Heidrek volvió y comenzó a provocar a los asistentes, hasta tal punto que la discusión acabó en pelea y la pelea acabó en la muerte de uno de los hombres del reino.

Höfund, enfurecido y totalmente decepcionado de su hijo, lo envió al destierro. Hervör hizo todo lo posible para evitarlo, porque a pesar de su carácter ella quería estar cerca de su hijo. Pero las insistencias fueron en vano y Heidrek hubo de partir. Hervör lloró todo el día y esa noche, antes de que su hijo marchara, lo visitó en su cuarto a escondidas. Llevaba bajo su capa un secreto que deseaba entregarle. Era la espada Tyrfing.

—Amado hijo, cuando yo era aún mucho más pequeña de lo que tú eres ahora, partí en busca de esta espada. Ha sido motivo de tantas buenaventuras como desgracias. Ella es el linaje de todos nuestros ancestros. Si es tu momento de partir, también es mi momento de entregártela. Nadie pudo alejarme de ella y nadie podrá mantenerla lejos de ti.

Hervör colocó la espada en manos de su hijo y luego lo abrazó como si fuera el último de sus abrazos.

Esa misma noche Heidrek partió hacia el destierro. Su hermano Angantyr iba a acompañarlo los primeros días y juntos dejaron el reino.

Cabalgaron por los caminos inhóspitos sin definir un rumbo. Una mañana, cuando habían detenido la marcha para descansar, Angantyr quiso saber qué era esa espada que llevaba su hermano colgada en la espalda.

—He prometido a nuestra madre no desenvainarla a tu lado, querido Angantyr —dijo Heidrek.

—Apenas la miraré de lejos —pero, mientras lo decía, se acercaba al acero con una fuerza irresistible.

—Dicen que una vez desenvainada no podré guardarla hasta que no haya derramado sangre —advirtió Heidrek.

—Aquí no hay nadie alrededor. Nadie correrá riesgo —Angantyr insistía como si el fulgor del filo lo estuviera convocando.

—Sólo una vez —dijo Heidrek, aturdido por las insistencias de su hermano.

Y la espada cumplió otra vez la maldición. Porque cuando Heidrek la quitó de la funda, Angantyr quedó tan impresionado que se acercó tanto que no pudo evitar que el filo se le clavara en el cuello. El joven se desangró sin siquiera haber podido contemplar el brillo de Tyrfing.

*

De este modo, Heidrek se convirtió en el único heredero de Tyrfing, la espada maldita. Y, con el tiempo, ayudado por su ferocidad y sus ansias de poder, se convirtió en un gran servidor del *jarl* de Götaland, a quien pidió la mano de su hija, Helga, y se casó con ella. Tuvieron un hijo, a quien llamaron Angantyr.

Al poco tiempo, Heidrek, con el apoyo de la mitad del reino, destronó al *jarl* matándolo con la espada Tyrfing. También clavó el acero en el heredero y en varios de los parientes de su esposa, quien, cuando fue consciente de tanta sangre derramada, se quitó la vida.

El nuevo *jarl* comenzaba, en soledad, un nuevo gobierno sostenido en el terror, en el dolor y en la muerte.

Después Heidrek volvió a casarse y tuvo una hija. La llamó Hervör y el nacimiento de la niña marcó el inicio de un período de paz que se alargó durante años.

No obstante, la espada Tyrfing aún mantenía todo su brillo y su poder. Durante un viaje por los Cárpatos, mientras Heidrek dormía, varios esclavos entraron en su tienda y robaron la espada. Antes de partir, se la clavaron al *jarl* en su pecho.

Aquélla, sin embargo, iba a ser la última muerte causada por la maldición. El príncipe Angantyr capturó a los esclavos, recuperó a Tyrfing y decidió que acabaría de una vez con la condena de todos sus ancestros. Marchó con la infausta arma a las tierras de Escania, en busca de su abuela Hervör, quien vivía con un dolor insoportable, sabedora de toda la tragedia que había provocado la espada que ella liberó. Cuando vio a su nieto acercarse, ya era consciente de que debía emprender con él un nuevo viaje.

El destino sería la isla de Sámsey, de donde la espada jamás debería haber salido.

Allí buscaron los túmulos de sus antepasados, encontraron los collares compuestos por las garras de los osos, y la abuela y el nieto cavaron un hoyo profundo en la tierra. Y fue donde, con suavidad, depositaron a Tyrfing y la taparon con la arena, ocultándola para siempre.

—Que la codicia que destellas y el odio que desprendes queden enterrados y se alejen de una vez y para siempre de nuestra familia —sentenció Hervör.

Y entonces la anciana lanzó, con sus brazos ya demasiado cansados por los años y las guerras, el último puñado de arena sobre aquel acero maldito, que allí permanece, esperando que alguien lo descubra y lo desenvaine.

Thorbjorg, la pequeña völva

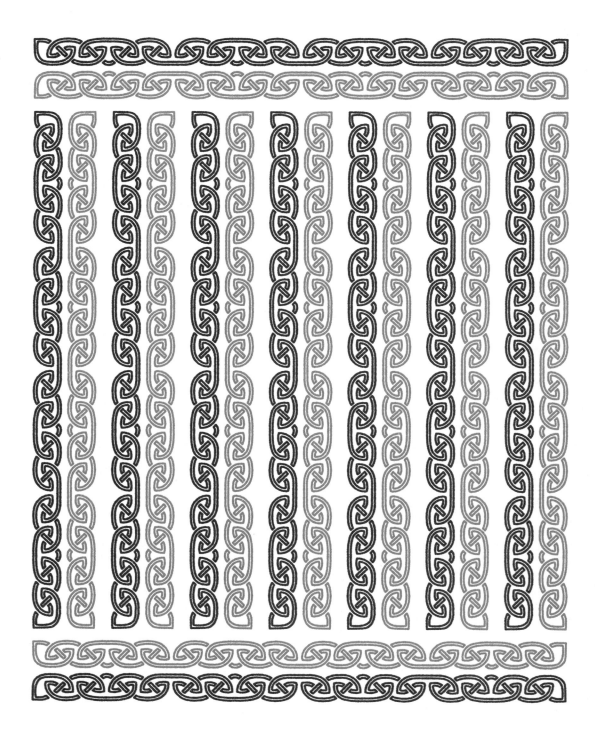

Llegó un año en el que la primavera no pareció primavera. Debía haber sido el tiempo de los brotes sobre la nieve, de que el viento trajera consigo la esperanza de la lluvia cálida que hiciera crecer la hierba sobre lo que antes había sido hielo. Los hombres y las mujeres de Groenlandia palpaban la tierra, buscando el alimento para el ganado, hambriento después del largo invierno de la isla. Los animales, inquietos, se agolpaban en las puertas de los establos, bufando, relinchando, mugiendo. Sabían que el tiempo del pasto se acercaba, no podían esperar mucho más. Pero se derritió la nieve, después el sol calentó las tierras y bajo lo que antes era la blancura del frío no hubo más que barro y tierra seca.

Las granjas de los pobladores que habían prosperado limpiando la tierra de arbustos y plantando hierbas para su ganado vieron cómo sus ilusiones se derretían con lo albo. Los pastos y las pocas plantas que llenaban los estómagos de las manadas amarilleaban y crujían si alguien los pisaba, como si ese sonido reseco fuera un ruego por el agua. Muchos se fueron, cargaron a los animales —algunos débiles, algunos moribundos— en busca de otros campos y de la hierba deseada, pero el viaje fue en vano. La isla entera parecía estar cubierta por un manto dorado que todo lo marchitaba.

Los días transcurrían y la comida escaseaba cada vez más. Las pocas reservas que habían sobrevivido al invierno empezaban a acabarse. Las lluvias deberían haber tenido el poder de teñir otra vez los campos de verde, pero los días eran soleados, secos, sin nada que permitiera albergar esperanza. Y los campos se mantenían amarillos, agrietados, sin alimento alguno que brotase.

Muchos de los hombres habían partido en expediciones de caza y volvían sólo con sus propias pieles sobre los hombros, pero sin presas en las manos; las flechas, sin sangre; las armas, sólo con tierra. Regresaban flacos, hambrientos, con sus cuerpos vencidos, pero no por la carga de los animales que habían imaginado cazar, sino por el peso de su ausencia. Muchos hombres, incluso, no volvieron esa primavera. Jamás se supo si por hambre o por vergüenza.

No sólo los hombres, las mujeres y los niños tenían hambre; varios animales en las granjas comenzaban a desvanecerse al sol. Primero cerraban los ojos y se arrastraban de un sitio a otro. Después simplemente morían. Y allí permanecían sobre la tierra hasta que llegaban otras bestias a comerse los cadáveres, o hasta que la propia podredumbre los consumía. Los brazos de los hombres no podían cavar más tumbas.

Después fueron los niños los que comenzaron a morir.

*

En una de las pocas casas que se encontraban en las tierras de Groenlandia vivía desde hacía un tiempo Thorbjorg, a quien llamaban la «pequeña völva». Había llegado desde Islandia hacía muchos años y nadie había querido saber por qué había decidido quedarse a vivir ahí. Lo que sí todos sabían era que aquella mujer poseía el poder de predecir el futuro, lo que provocaba tanta admiración como desconfianza entre los lugareños. Aun así, muchas veces la gente se acercaba a ella y la invitaba a sus fiestas con el objetivo de conocer su destino. Le preguntaban sobre el porvenir, y sobre las cosechas y las lluvias y las tormentas. A pesar de que, casi siempre, sus respuestas eran bien recibidas, muchas veces decía lo que nadie quería oír.

Una völva podía ver el pasado y el futuro, curar a los enfermos, influir en las guerras y en el clima. Su alma podía entrar en el cuerpo de los animales para influir en sus conductas. Por todo esto eran muy respetadas, y porque se decía que incluso Odín, el padre de todos los dioses, había llegado a consultarlas para tomar decisiones. Sin embargo, por todo esto también eran temidas: porque además de curar, podían causar enfermedades y, además de ver el futuro, podían transformarlo, y, además de conectar con los espíritus, podían influir en ellos para modificar el futuro de los seres en la tierra, e incluso de la tierra misma.

Thorbjorg pasaba sus días en soledad. Aunque había tenido nueve hermanas, ella era la única que sobrevivía. Le decían «pequeña», pero por su estatura, no por sus poderes. Era más baja que cualquiera de los adultos habitantes de Groenlandia, aunque, a pesar de ello, todos los hombres se paraban a contemplarla, hechizados por su pelo rubio rojizo como las llamas de un fuego que se expande. Como todas las völvas, siempre llevaba con ella un bastón, aunque el suyo tenía una empuñadura hecha de cobre y adornada con piedras preciosas. Alrededor de su cintura cargaba un cinto de yesca con un saco verde claro donde guardaba los talismanes y plantas para su magia.

En una casa cercana a la de Thorbjorg, en la hacienda de Herjolfsnes, vivía el granjero Thorkel. Él, más que nadie, sentía la responsabilidad de averiguar cuándo caerían las lluvias y cómo poner fin a los días y noches de hambre. Había visto con sus propios ojos cómo los huesos de los niños empezaban a perfilarse a través de una piel cada vez pálida y fina. Desesperado al ver que la hambruna no parecía tener fin, decidió invitar a la pequeña völva a su hacienda y organizar un banquete en su honor con las pocas provisiones que atesoraba. Sabedor de que no había temor más grande que el que ya estaba padeciendo el pueblo de Groenlandia, confiaba en que Thorbjorg podría ayudarlos.

La pequeña völva aceptó la invitación y se dirigió hacia Herjolfsnes. Thorkel la vio llegar hasta su granja desde el horizonte. Avanzaba caminando con pasos lentos. Iba vestida con un manto negro y, ya desde muy lejos, se veían brillar las piedras preciosas de su vara. Llevaba la cabeza cubierta con una capucha de piel de cordero negra y piel de gato blanco. Cuando se acercó, Thorkel pudo observar los detalles que envolvían a Thorbjorg: del cuello le colgaba un collar con cuentas de vidrio que dejaban traslucir la piel arrugada; sus botas, atadas con unos anchos cordones, eran de piel de becerro; y cubría sus manos con guantes de piel de color blanco.

Thorkel dio la bienvenida a Thorbjorg a su granja y la invitó a asistir al banquete. La pequeña völva le hizo una lenta reverencia y entró al recinto. Allí la aguardaban los invitados y varias delicias especialmente preparadas para ella.

Muchas veces Thorkel había invitado a su hacienda a mujeres de su condición. Pero esta vez había puesto más empeño que nunca en complacer a su invitada con todos los gustos. Había carne y corazones de todo tipo de animales, dulces, jarrones con hidromiel. Cuando la pequeña völva apareció en el salón, los allí congregados se pusieron de pie. Al lado de todos aquellos enormes cuerpos de hombres y mujeres que la rodeaban, Thorbjorg pareció aún más pequeña. Thorkel la tomó de la mano y le pidió que lo acompañara al asiento destinado para ella, un sillón en el centro de una gran mesa. En la espalda le colocó un cojín relleno con plumas de gallina.

Mientras la pequeña völva intentaba comer las delicias que Thorkel había dispuesto sobre las bandejas, los invitados se acercaban a saludarla, y también a preguntarle sobre sus destinos y problemas. Thorbjorg, sin evadir ni una consulta, haciendo gala de una paciencia inquebrantable, respondía calmadamente a todos, aunque no siempre con palabras inteligibles.

Después de un largo rato, Thorkel demandó que todos volvieran a sus asientos, se puso en pie y habló:

—Querida Thorbjorg, te he llamado porque la sequía acecha nuestras tierras. Los dioses parecen estar mirando hacia otro lado o intentan decirnos algo que no logramos comprender. Nuestros animales han empezado a morir. Nosotros seremos los siguientes. Te imploro que recorras nuestra casa y atiendas a nuestros rebaños y nos digas cuándo volverá nuestra tierra a ser fértil. ¿Cuándo y cómo nuestro mundo volverá a ser el que era?

Thorbjorg permaneció callada.

—¿Cuándo y cómo? —volvió a repetir Thorkel.

Pero Thorbjorg seguía sin pronunciar palabra. Y sin embargo, había comenzado a mirar de otra manera. Sus ojos claros empezaron a brillar.

Varios sirvientes entraron y sirvieron más leche de cabra y trozos de carne de vaca. La pequeña völva comió todo que le ofrecieron, con delicadeza y tomándose su tiempo: masticaba consciente del esfuerzo que suponía cada bocado para aquellas gentes. Thorkel, expectante, pero resignado, sabía que no iba a tener pronto una respuesta, así que ocupó de nuevo su asiento y se dispuso a comer.

Los rayos de sol iluminaban la hacienda. Eran los primeros días calientes después de un invierno largo y frío. Los invitados al banquete se sentían agradecidos por ese calor que los alimentaba y se mostraban ansiosos por escuchar la respuesta de Thorbjorg que no llegaba.

Cuando todos hubieron terminado de comer, Thorkel preguntó a la völva si se sentía satisfecha y si había algo que pudiera hacer por ella. También insistió y volvió a preguntar a Thorbjorg cuánto tardaría en darles una respuesta que calmara sus ansias. Sin embargo, no habló hasta que el sol se hubo ocultado.

—Querido Thorkel, no puedo darte ninguna respuesta hasta que haya salido otra vez el sol.

Así que la pequeña völva hubo de quedarse allí hasta la mañana siguiente. Le prepararon una habitación con todo lo necesario para que así fuera.

Thorkel y los hombres y mujeres de la granja no pudieron descansar tranquilos. La pequeña völva dormiría bajo el mismo techo. No sabían si alegrarse o alarmarse. Lo cierto fue que, por una cosa o por otra, ninguno esa noche pudo mantener mucho tiempo los ojos cerrados.

Al día siguiente Thorbjorg despertó antes que nadie. Salió a caminar con su vara por las tierras secas de Herjolfsnes y recorrió kilómetros antes de volver y reunirse con Thorkel y todos los demás, que ya la estaban esperando otra vez en el gran salón.

—Necesito que todas las mujeres que recuerden los cantos de Vardlok se sumen a mi voz. La salvación no ocurrirá en soledad. Debemos realizar el conjuro entre varias. Solamente así podremos hacer la magia y convocar a los espíritus que deseamos.

Las mujeres observaron a la völva con los ojos aún más abiertos que antes. Luego se miraron entre ellas sorprendidas. ¿Qué cantos eran los que demandaba esa bruja? Ninguna de ellas sabía de lo que estaba hablando. Hubo una época en que las madres de sus madres conocían algo de todo aquello, pero ese tiempo ya había pasado y hacía mucho que ya nadie en esa zona hablaba de esos conjuros y esas magias.

—Si me habéis llamado para esto, si a esto he venido, ¿cómo es posible que ninguna mujer en esta sala pueda convocar a los espíritus conmigo? —preguntó Thorbjorg al ver el desconcierto que reinaba en la sala.

El más sorprendido y desorientado era el granjero Thorkel. Había dedicado demasiados esfuerzos en complacer a la pequeña völva, sobre la que depositaba muchas esperanzas, pero ahora sentía que cada momento que pasaba todo se complicaba aún más. Ahora sentía que nada sería suficiente.

«¿Cómo es posible que nadie entre todas las mujeres tenga noción alguna de esta ciencia?», se preguntaba Thorkel. Hacía mucho que los cánticos mágicos se habían ido silenciando hasta perderse en el tiempo. Nuevas costumbres se habían ido imponiendo y las tradiciones legendarias se iban relegando. La magia y sus sonidos se habían ido enterrando en las tumbas de las mujeres del pasado.

—¡Hagamos algo! —gritó Thorkel dirigiéndose a todos, y después a la pequeña völva—. Saldremos todos para encontrar a algún ser que conozca y que entone los cánticos que nos pides, querida Thorbjorg. No descansaremos hasta encontrarlo.

*

No tan lejos de allí, pero no tan cerca, en una isla llamada Islandia, en una granja conocida con el nombre de Laugarbrekka, había nacido tiempo atrás, cuando corría el año 980, la mujer que Thorkel estaba ahora buscando: Gudrid Thorbjarnardóttir.

Gudrid había crecido junto a su padre, el cacique local, y cuando contrajo matrimonio, ella y su esposo Thorir se subieron al barco en la expedición que emprendía Erik Thorvaldsson, conocido por todos como Erik el Rojo. Arriaron velas, soltaron cabos y condujeron sus destinos hacia las hostiles tierras de Groenlandia.

En aquella nave embarcaron más de treinta aventureros comandados por aquel hombre enorme de cabellos rojos. Pero la travesía fue dura y sólo lograron llegar a su destino la mitad de aquéllos. Los demás habían naufragado y muerto en alta mar. Entre los que cayeron en las aguas del gélido océano se hallaban Gudrid y su esposo, pero a ellos sí que los acompañó la suerte, ya que fueron rescatados por Leif Eriksson, uno de los hijos de Thorvaldsson, y se dirigieron a la costa oriental de Groenlandia, donde Erik el Rojo había fundado una colonia a salvo de las terribles tormentas oceánicas.

Cuando llegaron a la costa, después de besar el gélido suelo y que sus labios conocieran el hielo de aquellas tierras, Gudrid y Thorir descubrieron que los habitantes de la colonia habían adoptado un nuevo dios. A él rezaron y le agradecieron la tierra firme y seguir vivos, y le suplicaron paz para los que no habían sido tan afortunados y reposaban en el fondo del mar. Con dos trozos de madera, construyeron una cruz y la colocaron en el pequeño templo donde iban a orar a aquel nuevo dios.

Y pasó el tiempo, y la vida fue calma hasta que llegó aquel duro invierno y los rezos no fueron suficientes contra el hambre. Y en aquellos días de vientos helados y estómagos vacíos murió Thorir. Y fue entonces, cuando Gudrid aún estaba llorando a su esposo, que se acercaron a ella unos hombres ansiosos de respuestas. Eran los mensajeros de Thorkel.

*

Después de tanto tiempo y haber recorrido hasta la última hacienda y la última granja de Groenlandia, por fin habían encontrado a la mujer que podría salvarlos. Y no muy lejos de Herjolfsnes.

—Tú eres la mujer que conoce los cantos —dijo uno de los mensajeros de Thorkel.

—No soy ni hechicera ni bruja —contestó Gudrid.

Y les pidió que se retiraran. Hacía mucho tiempo había adoptado otros rezos y otro dios. Pero los hombres insistieron.

—Cuando vivía en Islandia —les relató Gudrid—, mi madre me enseñó los cantos de Vardlok, en efecto, pero aquella vida quedó ya muy lejos. Ahora vivo en una tierra nueva, tengo un dios distinto y todavía estoy en duelo por mi esposo.

—De tu canto depende que no haya más duelos en nuestra tierra —le respondió uno de los Thorkel—. No sólo sufre el ganado, sino que también mueren los niños y las mujeres. Antes era el hambre; ahora, después de la hambruna, ha empezado la peste porque no quedan brazos fuertes que puedan seguir cavando la tierra para enterrarnos.

—Ya no recuerdo aquellos cantos —rebatía Gudrid, sin fuerza.

—Recuerda, por favor. Y canta —insistían los dos hombres—. Las voces de la infancia se llevan en la sangre para siempre. Recuerda y canta.

Gudrid se quedó pensativa y, a los pocos segundos, contestó:

—Tenéis razón. No es verdad que no recuerde. Pero mi nueva fe me obliga a no tener nada que ver con vuestras brujerías.

—Tu nueva fe debería obligarte a ser una buena mujer —respondió uno de los mensajeros, indignado.

—Por supuesto que lo hace —replicó Gudrid.

—Tienes la oportunidad de demostrarlo.

—Soy una buena mujer, pero no canto los cánticos de otras eras y otros hombres y otros dioses —contestó la joven.

—Ya lo veremos —dijeron los dos hombres, y se fueron más enfurecidos que incrédulos.

A las pocas horas volvieron acompañados de Thorkel y estuvieron otra vez de pie frente a Gudrid, que abrió las puertas de su casa a los recién llegados.

—Querida Gudrid —intervino Thorkel—, sabemos que de niña tu madre te enseñó lo que ahora necesitamos escuchar. No te pedimos que renuncies a la mujer que eres y a tus convicciones, sino sólo que vuelvas a cantar de la misma forma que esa niña supo hacerlo. Te lo exigiré si es necesario, pero prefiero pedírtelo así, con súplicas. Niños como los que tú fuiste y has visto crecer ven morir cada día a las cabras que les dan la leche. Después, son las madres las que asisten a la muerte de sus niños. Y así sigue el círculo de la muerte que podría convertirse en un círculo de la vida con tus cantos.

Thorkel había logrado empezar a conmover a Gudrid.

—No soy una hechicera —se animó a responder la joven.

—No lo serás. No abandonarás a tu dios. Sólo cantarás. Y el ritual será beneficioso para todos. Luego podrás volver a tu casa y rezar en paz.

Gudrid bajó la cabeza. Parecía que iba a seguir negándose, pero, al bajar la mirada, recordó el cuerpo consumido de Thorir y el hambre que había visto en sus ojos, y a su cabeza acudieron las últimas palabras que había pronunciado su esposo. Y entonces Gudrid levantó la cabeza, miró a Thorkel y a los otros dos hombres y dijo que sí, que los hombres eran más importantes que los dioses y que iría con ellos. Estaba dispuesta a ayudarlos.

*

En la hacienda de Herjolfsnes les esperaban ansiosos todos los hombres y mujeres allí congregados. Al fondo del salón seguía esperando, sentada, Thorbjorg. Cuando Thorkel y Gudrid entraron allí, la pequeña völva se acercó a ellos sabiendo que habían encontrado a la persona indicada. Algo en ella se iluminó. Permaneció de pie en el centro del salón y cerró los ojos. Se colocó su capucha oscura. Ya no parecía pequeña. Gudrid se puso a su lado.

Después Thorkel les acercó dos asientos y ambas se acomodaron, una junto a otra. Las demás mujeres permanecieron de pie y se pusieron en círculo alrededor de ellas.

La völva comenzó a hacer un leve zumbido con la boca que poco a poco se fue transformando en un bello canto. Gudrid se sumó a él, y las voces de las dos mujeres conmovieron a todos los que estaban en la sala. Eran palabras extrañas que nunca habían oído, pero formaban una melodía que todos sentían como si los hubiese acompañado durante toda la vida. Después, las demás mujeres en el círculo se sumaron con sus voces suaves. El canto se enseñaba a ser cantado mientras sonaba.

Por un tiempo no hubo más silencio y los espíritus fueron convocados. El canto se repitió una y otra vez, y se transformaba en un mantra que zambullía a todos los presentes en un trance. La música ahuyentaba los pensamientos y convocaba a la sabiduría. Reclamaba la presencia del conocimiento de la naturaleza y de los seres sobrenaturales, espantaba los malos deseos. Aquellos ecos, sin embargo, no sonaban como una canción, sino como la entonación perfecta de un hechizo construido con palabras melodiosas.

De pronto, la pequeña völva levantó sus manos, hizo una señal con sus dedos y las voces callaron. Todo volvió a ser silencio. Thorbjorg primero balbuceó palabras ininteligibles; a continuación, anunció que conversaba con los espíritus.

—Están aquí. Me hablan. Están agradecidos por los cantos. Me escuchan y los escucho. Me dicen que el hambre no durará mucho más, que las lluvias llegarán pronto —la pequeña völva hablaba con los ojos cerrados. Luego los abrió, pero no estaba mirando lo que ocurría a su alrededor. Y siguió hablando en un tono suave—: La mujer a mi lado tendrá una vida larga y próspera por haberme ayudado. Ahora puedo ver tu destino con claridad: contraerás matrimonio con un gran hombre en Groenlandia, pero todos tus caminos conducirán siempre a Islandia. Que la suerte a todos acompañe —dijo finalmente, y entonces sí pareció volver a ver con sus ojos el presente.

*

Las profecías de Thorbjorg, la pequeña völva, se cumplieron. Nunca se supo si había visto el futuro solamente o si había actuado sobre él. Nunca se supo si sus cantos habían traído penas, además del buen tiempo y las cosechas. Pero eso ya no importaba. Llegaron las lluvias. El suelo volvió a ser verde. El ganado creció nuevamente. Las ubres se llenaron de leche. Los estómagos se colmaron. Los niños volvieron a sonreír como niños. Los habitantes de todo Groenlandia pudieron otra vez cosechar, comer carnes y rendir culto a sus dioses.

La pequeña völva se embarcó hacia Brattahlid, en la costa oeste de Groenlandia. Allí la esperaba Erik el Rojo y se alegró con su llegada. Allí permaneció con su vara y sus cantos, sus poderes y el misterio. Pero ya nadie volvió a buscarla.

La valquiria Brunilda y Sigfrido

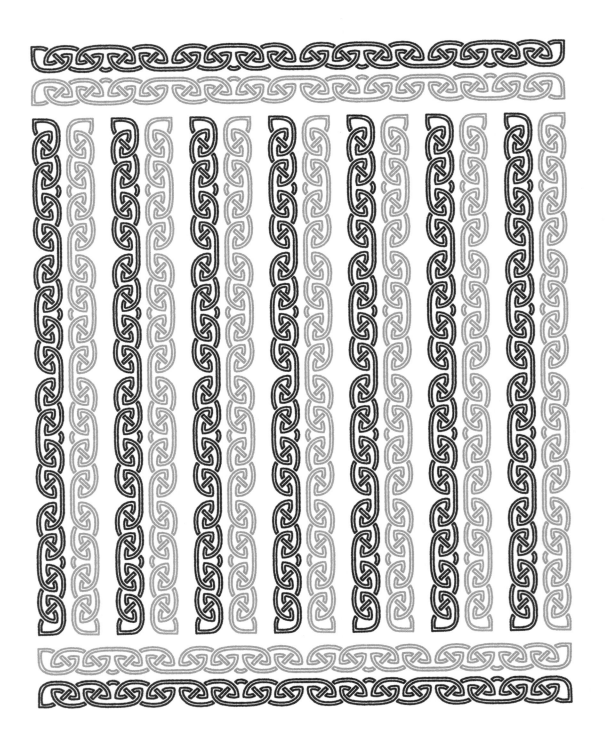

Quien haya visto una valquiria alguna vez jamás podrá olvidarla. Ellas son quienes eligen a los caídos en batalla. Ellas son las que condenan a la muerte a unos hombres y bendicen con la vida eterna a otros. Con ellas se define quién deberá sangrar y quién vencer. Con sus pasos etéreos se acercan a los guerreros y eligen entre ellos a los más valientes para llevarlos al Valhalla. Hacia allá los conducen con delicadeza y, una vez dentro del palacio, los colman con hidromiel y curan sus heridas mientras se deleitan con sus cuerpos. Los héroes se suman entonces al ejército de los guerreros muertos que se entrena para ayudar a los dioses en su batalla final. Es la bella Freya quien guía a las valquirias en su misión para servir a Odín, y es Brunilda quien las lidera.

Llegó un día en que se desató una guerra entre los reyes Hjalmgunnar y Agnar en Midgard, el mundo de los hombres, y Brunilda fue enviada desde Asgard para recorrer el campo de batalla. Antes del viaje, Odín fue muy contundente con sus órdenes.

—Debes elegir al rey Hjalmgunnar y traerlo al Valhalla. Tienes que ignorar a todos los demás hombres, aunque su sangre te nuble los pensamientos.

Cuando Brunilda y las demás valquirias llegaron al campo de batalla, ésta vio en los ojos de Agnar un ruego que desconocía. Desobedeciendo la orden de Odín, se dejó arrastrar por sus propios pensamientos y no cumplió lo que el Padre de Todos le había exigido. Decidió ayudar al rey Agnar, a él le otorgó la victoria. El rey de los godos, Hjalmgunnar, murió y permaneció para siempre enterrado en el reino de los mortales. El rey Agnar, el hombre que no había sido elegido por Odín, fue conducido por Brunilda hacia el Valhalla.

Cuando Odín los vio llegar, estalló en cólera.

—¡Me has desobedecido, díscola Brunilda!

La valquiria permanecía en la sala con la misma calma con la que había llegado y ninguna de las palabras de Odín lograron perturbarla. Agnar, a su lado, contemplaba la escena sin saber qué hacer ni cómo agradecer a la valquiria que se hubiera rebelado para salvarlo.

—¡Me has desobedecido! —insistía Odín— ¡Recibirás mi maldición por tu osadía!

Con tanta fuerza gritó el padre de los dioses que el eco de su voz retumbó en todo Asgard, y recorrió Yggdrasil hasta sus raíces.

—¡Nunca más serás inmortal, nunca más volverás a Asgard!

En ese mismo momento obligó a que sus sirvientes encerraran a Brunilda en un castillo y juró que alrededor de éste ardería un círculo de fuego eterno. Cuando los siervos de Odín condujeron a la valquiria fuera de Valaskjálf, Agnar la siguió con la mirada hasta que desapareció a lo lejos. Cuando Odín se hubo calmado, cuando ya la valquiria no estaba frente a él, continuó en voz baja y susurrando:

—Dormirás, valquiria desobediente. Dormirás hasta que un hombre valiente pueda atravesar el fuego para salvarte.

Pero para eso aún faltaba mucho tiempo, porque por aquel entonces no había valentía suficiente en todos los mundos que pendían del fresno Yggdrasil. Agnar fue llevado al Valhalla por las otras valquirias y Brunilda comenzó su largo sueño en la torre de un castillo rodeado por un muro de llamas que nunca se apagaban.

*

Sobre las costas del país de los danos, bajo una neblina que no permitía distinguir la línea del horizonte, varios hombres y mujeres esperaban en el puerto de Aróos el regreso de las diez naves que habían marchado al inicio de la estación rumbo al país de los hundingos. La flota había partido al mando del joven volsungo Sigfrido, dispuesto a vengar su pasado y a enfrentarse con las hazañas que su destino le imponía. ¿Habría podido Sigfrido vencer al guerrero Lyngvi? ¿Habría heredado las dotes de su padre Sigmund? Su misión entrañaba graves peligros. Entre las mujeres que esperaban en la costa se hallaba Hiordis, su madre, que miraba con la misma intensidad la tierra y el cielo, y rogaba el regreso a salvo de su hijo. Aún quedaban rastros de tristeza en su cara por los recuerdos del asesinato de su marido a manos del hundingo Lyngvi. ¿Habría tenido su hijo el valor para vengar la muerte de su padre?

En esos pensamientos se perdía cuando, de pronto, el horizonte se despejó y pudo ver, a lo lejos, manchas negras en el mar calmo. Y entonces supo que en una de esas naves volvía su hijo.

Pronto se oyó el bufido del cuerno del centinela. Y, cuando Hiordis vio a Sigfrido en el mascarón de proa, notó que aquel sonido se mezclaba con los latidos de su corazón. Empezaron a aparecer más hombres y mujeres de la aldea que se acercaban al muelle a recibir a los navegantes. Hiordis dio gracias a Asgard. Sigfrido saltó de la proa al muelle y corrió para llegar a donde estaba su madre. Tras un abrazo que parecía querer borrar la distancia que los había mantenido lejos, el joven tomó de las manos a Hiordis y le habló:

—He cumplido la misión, madre. Tu querido esposo, mi querido padre, al que no pude conocer, ha sido vengado. Estoy a salvo. Mi espada tocó el corazón de su asesino Lyngvi y después los corazones de toda la estirpe con su misma sangre. El honor de nuestra familia está intacto.

La madre y su hijo volvieron a abrazarse. Sigfrido estaba agotado, sólo lo mantenía en pie la satisfacción de traer con él las noticias esperadas. Hiordis sentía orgullo de verlo convertido en un gran hombre. Ambos presentían que aquella hazaña iba a ser la primera en un largo camino de gloria.

Por la noche, en la corte de Hjalprek, se celebró un banquete en honor a los navegantes y por el nuevo triunfo de los danos. Sigfrido y todos los demás hombres fueron colmados con elogios, abrazos y manjares. Comieron arenques y salmones, cerdos, cabras y gansos, y disfrutaron de esa carne sazonándola con el hambre acumulado en la larga travesía.

El anciano caudillo Hjalprek presidía la mesa principal; a un lado se sentaban su hija Hiordis y el segundo marido de ella, Alf; al otro, su nieto Sigfrido. En la mesa opuesta se situaron los capitanes de los barcos. Y Sigfrido pudo ver que había un lugar vacío. Una silla estaba a la espera de un invitado especial.

—¡Regin, amigo mío! —gritó Sigfrido de repente.

Las miradas se dirigieron a la entrada de la sala, donde sonreía un pequeño ser. Era el enano Regin, maestro de Sigfrido, quien lo había criado y visto crecer. Adornaba su rostro una tupida barba, tan larga que casi llegaba al suelo. Hizo una reverencia y tuvo que aceptar las miradas de desprecio de varios hombres que no toleraban ver a un ser de otra especie en aquel palacio. Se sentó junto a ellos. Comieron y bebieron y contaron las hazañas del viaje y las batallas, y en ambas mesas brindaron con vino y cerveza en honor al joven héroe.

—Por vuestra victoria —pronunció Hjalprek con el cuerno colmado de cerveza en alto, poniéndose de pie con dificultad—, pero por, sobre todo, vuestra dignidad, porque habéis luchado como deben luchar los hijos de Odín: no solamente por la vida, sino por el honor que les abrirá las puertas del Valhalla.

Luego Regin se acercó a Sigfrido y, antes de que el enano pudiera decir palabra, el joven ya le estaba agradeciendo sus enseñanzas y haber sido su maestro desde la infancia; y le recordó la espada Gram, que el enano había reparado en su fragua.

—Mi vida y mi lucha no serían las mismas sin ti, querido Regin —exclamó el héroe.

—Lo sé, querido Sigfrido —respondió el enano—. He puesto todo mi empeño en convertirte en lo que eres. Y lo he logrado —y añadió—: Brindo ahora porque esta noche tu descanso sea breve y emprendas nuevamente otras aventuras. Estoy seguro de que pronto volverás a partir y sólo sabremos de ti por los poemas que cantarán tus hazañas.

—En efecto, mi descanso será intenso, pero breve. Debo cumplir la promesa que te he hecho.

Cuando Sigfrido había empuñado en sus manos la espada Gram, había jurado a su maestro que con ella mataría al dragón Fáfnir.

—Hay un dragón allá, a lo lejos, que guarda un enorme tesoro —dijo Regin—. Hay aquí un enano que espera que su alumno cumpla la promesa de clavarle la espada al monstruo hasta desangrarlo.

—Por supuesto, mi querido Regin, no tengas duda de que al corazón del dragón le quedan pocos latidos.

—Eso espero —respondió el enano, y no pudo evitar una mueca de enfado que intentó disimular con una ligera inclinación de cabeza en señal de agradecimiento.

En ese momento, Hiordis, que había contemplado atenta la escena, llamó a su hijo, para alejarlo una vez más de Regin. Siempre había dudado de si el enano había enfocado sus enseñanzas para convertir a su hijo en el héroe que era o para atender sus deseos oscuros.

El banquete continuó con vino, cerveza y canciones hasta el amanecer. Sigfrido cantó y bebió con sus compañeros, y participó de la fiesta hasta que sus ojos no pudieron permanecer más tiempo abiertos.

Los días siguieron en Aróos, y Sigfrido permaneció allí acostumbrándose a las rutinas del lugar, colaborando con su padrastro Alf en los asuntos de gobierno y disfrutando de una tranquila vida doméstica. Pero el joven, muy pronto, comenzó a añorar los días guerreros y a sentir en su corazón los golpes de los desafíos del destino.

Por las noches, su maestro Regin lo visitaba para compartir uno o varios barriles de cerveza, y, retándolo, le recordaba su promesa de cazar y dar muerte a Fáfnir:

—Ya no necesitas un maestro, querido Sigfrido. Para que tu corazón no se estanque y deje de latir, necesitas aventuras donde puedas demostrar tu valor. Yo soy un enano maestro y mi lugar es terrenal. Pero tú eres un héroe y debes salir a buscar la inmortalidad. No he dedicado mi vida a la tuya para verte dormir cada noche en sábanas limpias con el cuerpo lleno de cerveza y vacío de acción. Eres un guerrero, pero las batallas no las hallarás en tus aposentos. ¿Dónde está tu fuerza? ¿Acaso has dejado tu temple en alta mar?

Al escuchar esas palabras, Sigfrido sintió dolor y exaltación al mismo tiempo. Sin duda, su maestro lo quería conducir al lugar correcto. No era esa tranquilidad doméstica la que le iba a traer la felicidad. Ya no podía permanecer más tiempo en Aróos como un vulgar aldeano. Él era un guerrero.

—Querido maestro, mi próximo reto será cumplir el juramento que un día te hice frente a mi espada. Al dragón que quieres ver muerto le quedan pocas lunas de vida. Ya no esperaré a que el tiempo se calme y las aguas se vuelvan mansas para navegarlas. Partiremos en breve —y concluyó—: los héroes somos quienes decidimos cuándo empiezan las batallas.

*

A la mañana siguiente, Sigfrido ya estaba listo para embarcar. Esperó a que su madre se despertara y le pidió caminar con ella hasta el muelle. Era el mismo lugar donde Hiordis lo había abrazado al volver de su anterior aventura, donde ella había vuelto a sentirse viva. Ahora la mujer atendía a lo que sabía que iba a ser una nueva despedida.

—Querida madre, concebiste un guerrero y mi destino me obliga a continuar el camino para el que fui engendrado. Maté al asesino de mi padre, volví para contártelo y vi la felicidad en tus ojos. Pero mi dicha no está en la vida cómoda y llena de riquezas, mi paciencia no coincide con el tiempo de las estaciones. Aunque el mar esté bravo y la calma aquí me abrace, debo partir a la aventura y, si tengo que morir, que sea colmado de gloria y no de cerveza. Juré a mi maestro que mataría al dragón Fáfnir para vengarlo. Y hacia allá zarpará esta vez mi barco.

Hiordis lo escuchaba contemplando el mar embravecido. No había sorpresa en sus gestos, tampoco tristeza, sino simplemente la calma de saber que acompañaba a su hijo en lo que había deseado construir.

—Soy una madre honrada que ve partir a su hijo otra vez. Pero mis lágrimas no son de amargura, sino de orgullo. He parido un héroe y mi sacrificio consiste en tenerte lejos para que nuestro pueblo te tenga cerca en la posteridad, en dejarte partir para que la gloria y los dioses sean los que te den su abrazo.

Y, sin embargo, había algo impreciso que a Hiordis le preocupaba.

—Sólo te pido que te cuides de quienes te acompañan. No dudo de que tu fuerza alcance para vencer al enemigo, pero tiemblo al pensar que tu bondad puede ser derrotada por la traición.

—No temas, madre. Volveré otra vez con buenas noticias —le contestó Sigfrido y le dio el último abrazo.

—Cuídate más del enano que del dragón, hijo querido, que no sea tu cuerpo el arma de su venganza —le susurró al oído.

Sigfrido sintió rabia por ese consejo. Había jurado matar al dragón. Nada iba a detenerlo. No le atemorizaba el tamaño de la bestia ni todo lo que le habían dicho de aquella criatura inmensa con patas de reptil y enormes alas negras. Pero temió por un instante cuando atendió a las sutiles palabras de su madre.

—Si he podido vencer a Lyngvi puedo también dar muerte a una simple serpiente con alas —replicó a su madre Sigfrido.

—Hasta ahora nadie ha podido con Fáfnir. Y, cuanto más tiempo pasa, más grande es su tesoro y más desmedida su avaricia; y más enorme su temor a perder el tesoro y su ambición por defenderlo, y más inmensa su lucha. Te enfrentarás a la criatura más letal.

—La criatura más letal se enfrentará conmigo —corrigió Sigfrido—. Pero será su última batalla.

Y, al decir estas palabras, Sigfrido apretó fuerte con sus manos las manos de su madre y le dio un beso en la frente.

Así fue la despedida. La imagen del dragón que su madre había construido con esas palabras no había hecho más que aumentar el deseo de Sigfrido por enfrentarse con el monstruo que le daría la inmortalidad. Cuando el joven estuvo montado en su caballo Grani, Hiordis no pudo dejar de gritarle la última advertencia.

—Cuídate de las bestias que muestran su maldad, pero aún más de las que la ocultan. ¡Que no sea también tu última batalla!

Pero, cuando Hiordis acabó la frase, Sigfrido ya estaba lejos: su hijo había comenzado una nueva aventura hacia las tierras lejanas. Esta vez, a su lado, iba a cabalgar otro caballo, montado por su maestro Regin.

*

Sigfrido y Regin debían llegar al brezal de Gnita, donde el dragón tenía la guarida y almacenaba su oro. Cabalgaron durante horas por el sendero que rodea la gran montaña en la costa sur del fiordo de Aróos. Siguieron por la orilla hasta llegar a la zona de los pantanos, desde cuyo centro se abría un pasillo hecho con piedras que les permitió marchar sin caer en pozas y arenas movedizas.

Era noche cerrada cuando arribaron al bosque de robles y fresnos. Las nubes nocturnas ocultaban la luna, lo que les obligó a guiarse más por el instinto que por lo que sus ojos pudieran ver. Avanzaron hasta que la noche empezó a clarear y Regin temió la luz: como todos los enanos, si era tocado por un solo rayo de sol, se convertiría en piedra. Debían buscar refugio.

De pronto, llegaron a un bosque tupido, cuya sombra los protegería un tiempo, pero debían encontrar una cueva, la cual localizaron al poco rato. Sigfrido y Regin ataron los caballos a unos árboles y entraron a la oscura gruta iluminados con antorchas. Cuando el sol estuvo alto, se dispusieron a dormir hasta la noche.

En el momento en que el firmamento apareció la primera estrella, los viajeros salieron de la cueva. La sorpresa fue enorme al descubrir que todo el frondoso bosque que habían visto antes estaba convertido en cenizas. Vieron restos de árboles carbonizados y ramas todavía en rojo vivo que despedían sus últimos restos de humo negro. Vieron cantidades enormes de carbón. Vieron que el suelo que pisaban mantenía el calor de la tierra abrasada. Vieron que el verde que habían vislumbrado se había convertido en un paisaje gris y emanaba un insoportable olor a quemado. Apenas podían respirar. El humo y las cenizas los convirtieron en oscuras sombras.

Sigfrido y Regin buscaron a sus caballos y no los encontraron. Alrededor sólo había montículos de muerte cubiertos por capas de cenizas que seguían volando por los aires como una lluvia gris. Nada más dar unos pasos sobre el suelo humeante, Sigfrido ya comprendía que aquello que parecían montañas de ramaje y árboles caídos eran en realidad restos de animales y hombres. Estaban en el brezal de Gnita y aquello era lo que dejaba Fáfnir a su paso. Sólo muerte.

Sigfrido supo entonces que la bestia estaba cerca y que el calor procedía de las llamaradas de su garganta. Se alejó de su maestro y comenzó a recorrer el lugar con los sentidos en alerta. Descubrió una huella del tamaño de todo su cuerpo. Empuñó la espada y empezó a seguir el camino de aquellas monstruosas pisadas. Fue así como llegó a un río. Y en ese río vio una escama del dragón. Pronto se enfrentaría a la bestia más enorme que jamás hubiera imaginado.

Sigfrido volvió a la cueva a buscar a Regin. Llevaba consigo la escama, que tenía el tamaño de un escudo, y alertó al enano sobre lo que había descubierto.

—¿Temes al dragón, querido Sigfrido? —preguntó Regin.

—Me insultas al creer que su inmensidad disminuye mi valor. ¿Acaso dudas de mi fuerza y mi coraje? —replicó Sigfrido.

—¡En absoluto! Pero ni yo mismo habría podido imaginar que la bestia tiene este tamaño.

—¡Mi fuerza es del tamaño de su cuerpo!

—La derrota del dragón no dependerá de tu fuerza. Yo soy el único que sabe cómo derrotarlo —contestó Regin y, a continuación, añadió—: deberás cavar un hoyo profundo y ocultarte ahí, y luego esperar a que el dragón camine sobre ti. Cuando lo tengas encima, levantarás tu espada y con todas tus fuerzas cortarás su carne, hasta llegar con el filo hasta el corazón de la bestia. Deberá ser un golpe certero porque, aunque el filo de tu espada es mortal, la piel del dragón es más dura que un escudo y su corazón, más fuerte que una roca.

—¿Por qué no me habías hablado de su tamaño? Yo venía preparado a luchar con él como un guerrero, no a clavarle la espada a traición —protestó Sigfrido.

—No te hablé antes de su tamaño porque también yo lo desconocía. Aunque el dragón Fáfnir sea mi hermano —desveló Regin—, la última vez que lo vi era muy pequeño. Su enormidad crece al mismo tiempo que lo hace su codicia. Mató a mi hermano Otter, y después a mi padre. Luego huyó con todo el oro que sus garras pudieron sostener, incluido el brazalete de Andvari, que hace que el tesoro se multiplique cada día —relató Regin. Después el rostro pareció ensombrecérsele mientras continuaba—: Mi única familia es este dragón dominado por la codicia. Por eso vivo con los hombres, por eso he vivido en Aróos y por eso ayudé a criarte como a un hijo.

Cuando el enano concluyó su historia, fueron juntos a la orilla del río, al lugar donde decidieron cavar la trampa de Fáfnir, para lo que utilizaron los escudos y las manos. Cuando habían alcanzado la profundidad deseada, Sigfrido saltó al pozo con su espada y se dispuso a esperar al dragón. El cielo pronto iba a estar colmado de estrellas. Rogó a los dioses que lo acompañaran y contemplaran de cerca su próxima hazaña.

*

Pasaba el tiempo y no había señales del dragón. Sigfrido se impacientó y decidió salir de su escondite. Dio unos pasos sobre la orilla del río y, con sorpresa y alegría, descubrió una presencia que le resultó familiar. Era Odín, el Padre de Todos.

—¿A qué se debe tu deseo de matar al dragón Fáfnir, querido Sigfrido, hijo del célebre héroe volsungo Sigmund? —preguntó el dios como todo saludo.

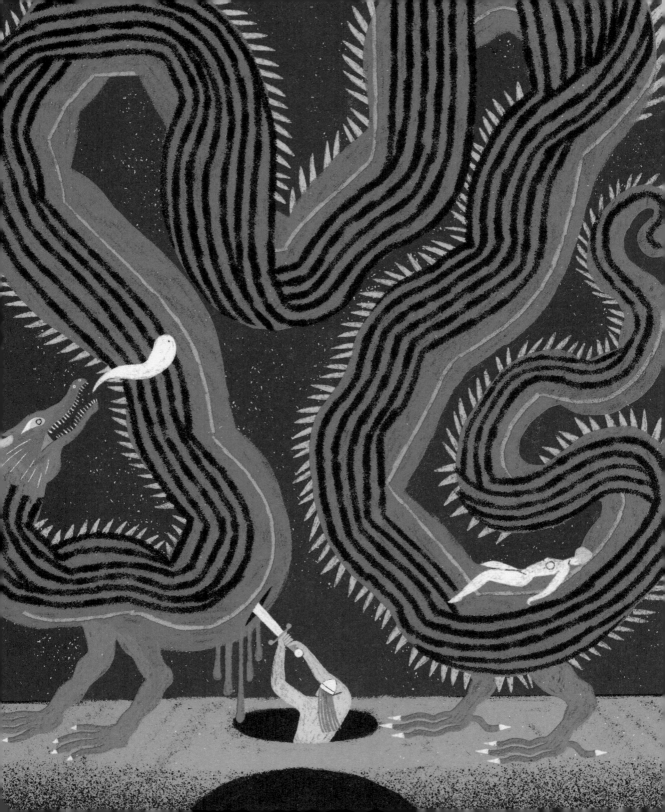

—He prometido a mi maestro Regin que daría muerte al dragón —contestó Sigfrido con la cabeza inclinada en señal de respeto— y la lucha contra la bestia también acrecentará la gloria de mi estirpe. Espero que los dioses me consideren digno de tal hazaña. Si no, la muerte será mi destino.

—Los dioses te protegeremos, no lo dudes —contestó Odín—, pero deberás tener más cuidado y descubrir quién es tu verdadero enemigo y quién quiere ayudarte —y terminó con una pregunta—: ¿Cómo piensas dar muerte a la bestia?

—Esperaré en el hoyo a que pase el dragón para clavar en su pecho mi espada —explicó Sigfrido.

—¿Y dónde crees que caerá la sangre que brotará como una cascada desde su herida? Morirás tú también, ahogado en un mar rojo.

Y fue entonces que Sigfrido comprendió de repente las advertencias de su madre. Los consejos de Regin lo estaban conduciendo a la muerte del dragón, pero también a la suya propia.

—Debes cavar otro hoyo al lado y conectar ambos con cañas y juncos para que la sangre fluya —le dijo Odín.

Después de ofrecerle este consejo, el Padre de Todos desapareció, y dejó a Sigfrido con el nuevo trabajo, pero también con su querido caballo Grani. Odín se lo devolvía sano y salvo para que pudiera acompañarlo. El joven saltó a abrazar a su compañero de batallas y dio las gracias a Odín. Después se puso a cavar el segundo pozo y, cuando hubo concluido, se sentó nuevamente a esperar.

Sigfrido estuvo largas horas dentro de su escondite hasta que finalmente oyó un gemido feroz. Era su presa. El dragón volaba y planeaba, batiendo sus alas. De repente, el suelo tembló y Sigfrido supo que el dragón había posado su cuerpo en la tierra. En el bosque se hizo el silencio, como si las hojas hubieran dejado de moverse y los pocos animales y el cauce mismo del río se hubieran detenido ante la llegada del monstruo. Sólo se oía su respiración.

Sigfrido se asomó y quedó deslumbrado por el tamaño de la bestia. Aunque llevaba sus alas plegadas, seguía siendo enorme. El joven volvió a esconderse y esperó, intentando silenciar su aliento, que se sincronizó con el del dragón. De pronto, la luz que iluminaba su pozo se apagó y el cielo quedó oculto por el terrible vientre del monstruo. Entonces Sigfrido desenvainó a Gram y la alzó al cielo, clavándola en el dragón. Primero sintió el desgarro de la piel. Luego, un alarido feroz cubrió todos los sonidos del bosque. El sollozo doliente del dragón ensordeció a Sigfrido, que se tuvo que llevar las manos a los oídos. La cabeza de la bestia se sacudió de un lado a otro y el cuerpo herido se revolcó sobre el suelo, dando las últimas sacudidas antes de caer definitivamente tras el último suspiro. De su pecho brotó sangre como una cascada de fuego que cubrió a Sigfrido, pero no logró ahogarlo gracias a su previsión tras las advertencias de Odín. El joven héroe pudo salir del escondite: todo su cuerpo estaba bañado en la sangre del dragón, pero él estaba a salvo. Entonces miró por última vez los ojos amarillos del dragón y vio cómo éstos se cerraban para siempre.

*

Tras el rugido y el silencio, Regin sintió que su plan se había cumplido. Su hermano, el dragón Fáfnir, por fin había muerto, y Sigfrido habría quedado enterrado en una tumba de sangre. Ahora el tesoro de Andvari y su brazalete serían sólo para él. Cuando el sol dejó su lugar a la luna, el enano emprendió su caminata hacia la orilla, donde, sin duda, encontraría los dos cadáveres. La sorpresa fue enorme cuando descubrió que Sigfrido estaba sano y salvo.

—He cumplido mi parte de lo pactado. Tu hermano está muerto —dijo Sigfrido, pero ya no podía mirar a su maestro con la misma confianza—. Ahora debemos ir juntos a la cueva de Fáfnir para que me des el oro y cumplas así con tu parte.

Pero el enano no estaba dispuesto a compartir el tesoro y, en cuanto tuvo ocasión, intentó clavar una lanza en el cuerpo de su alumno. Sigfrido reaccionó con la velocidad de un guerrero y salvó su vida. Desenvainó la espada Gram y la clavó en el cuello de su maestro, que cayó al suelo, muerto, todavía con la sonrisa de la codicia en su cara.

Manchado con sangre de enano y dragón, Sigfrido inició el camino hacia la cueva de la bestia. Entró a esa gruta que parecía un océano dorado. Caminó entre lingotes de oro y, entre todas aquellas piezas brillantes, encontró el brazalete de Andvari. Tomó algunas monedas, sabiendo que aquéllas se multiplicarían a diario, pero era ignorante de que, además del oro, con el brazalete se estaba llevando una maldición.

Con las riquezas conseguidas y las hazañas logradas, emprendió el camino de regreso. Volvía cansado, con el cuerpo y el alma heridos, cubierto de muerte. Fue en medio del camino, cuando decidió hacer una pausa bajo un olmo, que dos cuervos se le acercaron. Uno de ellos, para sorpresa de Sigfrido, le empezó a hablar:

—Busca a la mujer que te dará la inteligencia que necesitas. Será la única mujer capaz de acompañarte en tu camino hacia la sabiduría. Ella podrá multiplicar tu saber de la misma manera que el brazalete lo hace con tu fortuna —pronunció el cuervo, que añadió—: debes encontrar y despertar a la valquiria Brunilda, que duerme desde que se atrevió a desafiar al Padre de Todos.

*

Sigfrido comenzó entonces un viaje guiado por el instinto, sabedor de que éste le llevaría hasta la valquiria durmiente. En su camino preguntó a aldeanos, a granjeros y a pastores, pero nadie sabía dónde hallar el palacio donde descansaba Brunilda. Transcurrieron días, semanas, meses y, sin que nadie lo guiara, un día, finalmente, Sigfrido vislumbró una torre aislada, rodeada por un fuego que parecía arder desde hacía mucho tiempo. Sabedor de que allí era donde se encontraba la valquiria, azuzó a su caballo hacia las llamas sin pensarlo, pero el animal, temeroso de que el calor pudiese devorarlo, se detuvo. Sigfrido, sin embargo, lo espoleó de nuevo, con fuerza, y Grani cabalgó, voló sobre las llamas, sin quemarse, sin un rasguño que dañara su piel, sin una chispa que encendiera sus crines.

Al alcanzar la torre, el fuego se extinguió. Después Sigfrido descabalgó y subió hacia lo alto con grandes y desesperados trancos, hasta que, en una de las estancias más recónditas de la fortaleza, se topó con un mullido lecho donde dormía una joven que parecía sonreírle en sueños. Su serena belleza, adornada con una piel que de alba parecía brillar y un cabello de reflejos dorados, cautivó a Sigfrido, que se acercó y rozó una de las manos de la valquiria. Ésta, al sentir el cálido tacto del recién llegado, abrió los ojos y suspiró.

—Gracias, Sigfrido —le dijo—. Te estaba esperando.

El héroe, al oír la suave voz de Brunilda, sintió los latidos de su corazón, que lo conducían a sumergirse en los ojos de la valquiria. Éstos, además de expresarle gratitud, le revelaban una profunda sabiduría, tal y como le habían profetizado los cuervos.

Sigfrido ayudó a la valquiria a incorporarse, percibiendo la debilidad de un cuerpo que había estado durmiendo durante quién sabe cuánto tiempo. Le ofreció comida y le pidió conocimiento, y amor.

Brunilda lo escuchaba y en su cabeza aparecieron tantos otros guerreros que había conocido y portado al Valhalla, pero en ninguno de los que surgieron en su recuerdo descubrió el tipo de deseo que le mostraban los ojos de Sigfrido.

—Deberás quedarte en mi castillo para conocer todos los secretos del saber —le dijo al héroe.

Cuando terminó la frase Sigfrido asintió y atendió. Ella le habló de luchas y batallas y guerras y dioses y dragones y de los hombres y del amor, y sólo le dejó de hablar para besarle.

Se prometieron amor eterno hasta bien entrado el amanecer y, sólo cuando el sol estuvo alto, Sigfrido dijo que debía partir, aunque también juró volver y ella esperarlo. Sin embargo, pronto algo sucedió, una magia, un error, un truco, una pócima malvada, que hicieron que Sigfrido olvidara su promesa.

Con el corazón sin memoria, el héroe marchó a otras tierras, y allí se casó con otra mujer, Gudrun, mientras Brunilda seguía esperándolo. Cuando llegó a los oídos de la valquiria la noticia de la boda de su amado, el odio la consumió. Enfurecida, salió a buscar al amante que había estado esperando y, sabiendo que jamás sería para ella, decidió que no fuera para nadie. Lo condujo a la eternidad del Valhalla y así lo alejó para siempre de su esposa y de todos los demás mortales.

Brunilda no pudo liberarse jamás de su odio ni contener su pena y acabó sus días como había empezado su sueño, entre las llamas, a las que se lanzó para que consumieran su cuerpo, nunca más inmortal, como le había jurado Odín.

El bien contra el mal

BEOWULF
Y GRENDEL

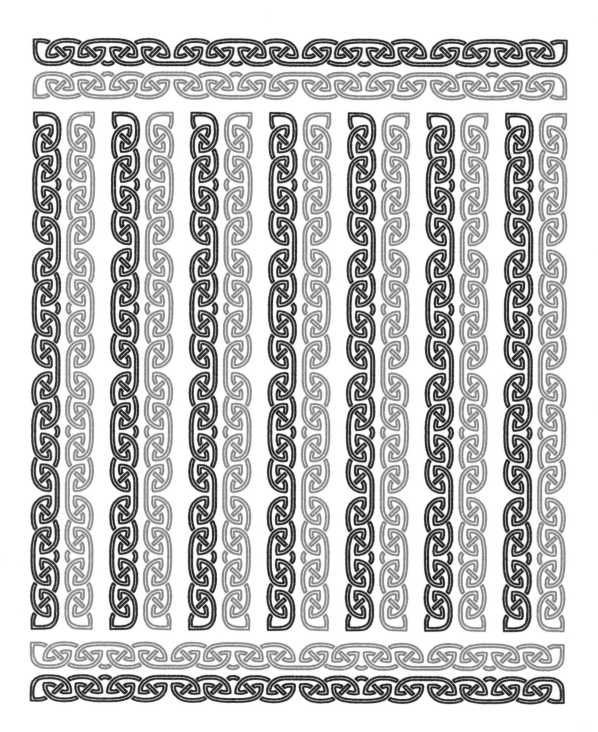

La vida transcurría tranquila en la isla danesa de Selandia. El *jarl* Hrothgar despertaba cada amanecer con la felicidad que otorgan la paz y las buenas cosechas. Ofrecía banquetes en desmesuradas fiestas donde regalaba magníficas joyas. Los invitados llegaban jaraneros, se deleitaban con los cantos de los bardos, participaban de la música y los festejos y, al abandonar las celebraciones, partían aún más complacidos con la promesa de que la dicha continuaría al día siguiente. A pesar de la exuberancia de esa época gloriosa, el *jarl*, siempre difícil de conformar, quiso levantar un palacio que se convirtiera en la más solemne fortaleza de aquellas tierras, así que los constructores del reino se apresuraron para dar forma al deseo del gobernante.

Por entonces, todos los clanes danos estaban unidos bajo un único y próspero gobierno, las riquezas seguían creciendo y no había amenaza de batallas, por lo que el palacio deseado estuvo terminado antes de lo previsto. Hrothgar le dio el nombre de «Herot», que significa «gran poderío», y lo consagró a aquel dorado período de paz y bonanza que se extendía tras décadas de oscuridad. El *jarl* organizó una gran fiesta, aún más grande que las anteriores, para celebrar la construcción de la nueva fortaleza.

El primer banquete en Herot fue multitudinario. Se encendieron todas las antorchas del palacio y el brillo del fuego lo iluminó como un tesoro incandescente. Hubo mesas con bandejas colocadas en la explanada para que todos los habitantes del lugar se acercaran y ninguno se retirara sin un trozo de cerdo asado y un trago de cerveza. Las voces alegres cantaban, todos en el reino parecían aplaudir al ritmo de la música para acompañar los cánticos que celebraban la vida, los rezos y las fiestas. Fueron unos festejos que duraron varias jornadas y, como su fama se fue extendiendo por la región, allí no dejaban de acudir gentes de todas partes, por lo que la celebración no parecía tener fin.

Sin embargo, nadie sabía que, por las noches, cuando el último cuerno de hidromiel se vaciaba, las voces se convertían en ronquidos y las antorchas se apagaban, cuando sólo la luna daba claridad a los sueños y los habitantes de la isla creían que la oscuridad era su calma, un monstruo abría los ojos y observaba.

*

Todos los pobladores de Selandia habían oído alguna vez la historia que hablaba de un hombre llamado Caín. Se contaba que había tenido un hermano, Abel, y que los dos eran hijos de los primeros habitantes en la tierra, Eva y Adán. Los hermanos ofrecían sacrificios a su dios, cada uno en su propio altar: Abel poseía animales y ofrecía al dios la lana y la grasa de las ovejas de sus rebaños; Caín cultivaba la tierra y colocaba en su altar los frutos del campo que araba con esfuerzo. El dios al que rezaban hubo de elegir entre ambos y prefirió las ofrendas de Abel. Caín enloqueció de celos y mató a su hermano Abel. Luego regresó a cultivar la tierra. Su dios le preguntó:

—¿Por qué has matado a tu hermano?

Ante lo que Caín respondió:

—¿Acaso soy yo el custodio de mi hermano?

Tras la respuesta, el dios lo maldijo. Profetizó que de la tierra que había recibido la sangre de su hermano ya no brotarían frutos. Lo castigó a vagar errante y lo marcó con una seña particular para preservar su vida frente a los demás habitantes de la tierra. Caín se fue a vivir lejos de aquel lugar.

Y era de aquel hombre encolerizado que, a causa de los celos, había matado a su hermano del que descendía Grendel, el monstruo que ahora habitaba en el reino de los danos.

*

La criatura no podía tolerar la música y la alegría que emanaba del palacio y todas las noches levantaba su cabeza de la ciénaga donde se ocultaba para contemplar con rabia a los felices hombres del nuevo palacio. Cada vez que sentía el gozoso alboroto, la delicadeza del arpa y las voces suaves que entonaban dulces melodías, su cuerpo se irritaba bajo las tinieblas y el agua de la zanja donde se cobijaba parecía bullir. Tan sólo el eco de la fiesta alcanzaba para calentar su pegajoso y espeso fango.

Cuando hubieron transcurrido varios días y varias noches de festejos, al final de una de las jornadas, cuando quedaban pocos hombres despiertos y ninguno sobrio, la furia impulsó a

Grendel fuera de la ciénaga y, con el sonido de un trueno y la velocidad de un rayo, se dirigió hasta el palacio. Allí trepó por las paredes y fue entonces cuando todo estalló y empezaron a llover trozos de adobe. Se desplomaron las vigas que sostenían los muros y, de pronto, quien miraba al cielo veía caer escombros y ornamentos dorados, los mismos que hasta hacía poco habían decorado las paredes. Se derrumbaron también las lámparas, que derramaron su combustible y el fuego que antes había hecho brillar al palacio ahora lo quemaba y también abrasaba a los hombres que no pudieron huir. Hubo quienes se aferraron a sus lanzas y escudos y desenvainaron sus espadas, pero no sabían contra qué o quién dirigirlas.

El terror era una sombra que devoraba todo a su paso. Estallaron las paredes y los hombres. Cayeron desde el aire trozos de palacio que aplastaban a quienes intentaban escapar. Cayeron cenizas y escombros y chorreaba sangre de los hombres lastimados y se oyeron los gritos desesperados de los que todavía podían salvarse y el silencio de la muerte de los que no pudieron huir. Cayeron las ilusiones de la era dorada y cayeron las esperanzas de un tiempo de paz.

El horror terminó súbitamente. El monstruo huyó tan rápido como había llegado. Dejó la grieta en la tierra y el dolor en el palacio, donde antes había habido fiesta. Allí permanecieron también los gritos del espanto y los heridos, los lamentos, el desconcierto, el olor a quemado, la destrucción y el pánico de no saber si aquello volvería y cuándo podría ser el próximo ataque. Con el dolor todavía ardiente, se cavaron treinta tristes pozos en la tierra para enterrar a las víctimas de Grendel, el monstruo que —ahora ya todos lo sabían— acechaba desde la ciénaga.

*

Desde entonces, y durante los largos doce años siguientes, Grendel atacó el palacio cada noche. Tanta era su fuerza y su furia que nadie en Herot podía enfrentarse con él. No hubo guerrero en Selandia que pudiera vencer a la bestia maldita. No hubo alivio para el gran infortunio del *jarl* Hrothgar.

Cuando en la ciénaga se oían sonidos extraños y el agua se ponía aún más turbia y cuando la tierra comenzaba a quebrarse, todos sabían que no había más opción que escapar. Entonces los hombres y las mujeres salían corriendo en todas las direcciones posibles, como corren quienes saben que de la velocidad depende su vida. Algunos morían en las violentas huidas, pero lo preferían a ser engullidos por el monstruo.

No se ofrecieron más banquetes. El palacio, poco a poco, fue quedándose desierto y, todos los días, cuando se ocultaba bajo el cielo la luz de la tarde, sus hermosas salas se vaciaban. A los ojos de los lugareños, Herot fue transformándose día a día en el mausoleo de las víctimas de Grendel. Quienes podían hacían ofrendas en templos paganos y alzaban sus súplicas desesperadas a los dioses para que éstos pusieran un fin a aquella maldición asesina de almas.

El terror se expandió por todo el territorio de Selandia, donde comenzaron a difundirse las historias de los ataques y las muertes del palacio de Herot. La fama de la crueldad de Grendel iba extendiéndose por las tierras nórdicas. Nadie había visto al monstruo, nadie podía describir cuál era su forma o su tamaño, pero todos lo habían ya imaginado. Algunos lo habían soñado como un pulpo de mil tentáculos; otros juraban haber distinguido su forma de dragón. Decían que masticaba a sus víctimas con los colmillos más grandes jamás vistos; otros decían que quemaba a sus presas con el fuego más abrasador. Hubo quien creyó haberlo descubierto en forma de víbora gigante y más de uno pensaba que era una bola de fuego con cara de murciélago. Las historias también relataban que su lengua quemaba lo que rozaba y que su piel era más fría que los témpanos y podía congelar a quien tocara.

El *jarl* Hrothgar no lograba encontrar una salida a la tragedia. Todos sus guerreros más valientes habían muerto intentando enfrentarse con el monstruo. La era de bonanza había durado apenas unas estaciones y los años tristes se presumían cada vez más oscuros.

Grendel seguía atacando y las historias que narraban las desgracias se extendían como tristes cantos por todas las regiones conocidas. Y, muy pronto, llegaron hasta las tierras de Escania. Una tarde, cuando las esperanzas empezaban a apagarse por completo, el nombre de Grendel y el tamaño de su voracidad llegaron a oídos de un héroe gauta. El joven prestó mucha atención a lo que le contaban. Era valiente y los desafíos lo atraían más que espantarlo. Escuchó cuanto hablaban sobre los héroes que habían muerto frente al monstruo, sobre cómo durante doce años no hubo nadie que ni siquiera pudiera tocarlo. Le explicaron cómo la corte de Hrothgar había tenido que abandonar las salas por las noches. Aquel que escuchaba era un hombre que superaba en fuerza a todos los hombres, que destacaba por su espíritu tenaz y que estaba dispuesto a recorrer el mundo para salvarlo. Su cuerpo era grande, sus músculos estaban preparados para la batalla, su mirada desafiaba al destino. Lo llamaban Beowulf.

Beowulf era hijo de Ekto y sobrino del difunto *jarl* Hrethel de Escania. Nada más oír aquellas historias que venían de Selandia, supo que la lucha contra Grendel era su misión, que el desafío lo obligaba. Se sentía obligado a acabar con aquel monstruo y juró que iba a, al menos, intentarlo, y para ello reunió a catorce de sus más valerosos guerreros y comenzó a prepararse para el viaje.

Esa misma tarde estuvo listo para dejar su tierra y timonear la nave rumbo a las tierras de Selandia. Se despidió sin pena, porque sentía que él pertenecía al lugar donde pudiera luchar contra el peligro. Su lugar era su destino. Los hombres saltaron a bordo. Grendel los estaría esperando.

*

El viento impulsó la nave, que fue cubriéndose de la espuma de las olas, y llegó a Selandia en apenas una jornada. Cuando desembarcaron, el *jarl* Hrothgar y su esposa Wealhtheow organizaron un banquete de bienvenida para aquellos guerreros gautas que habían desembarcado con sus brillantes escudos y sus poderosas armas.

Era una fiesta más de entre tantas otras celebradas en honor a quienes habían querido dejar su vida para acabar con el monstruo. En Selandia ya no recordaban cuántas veces habían visto llegar a guerreros extranjeros que aseguraban tener el talante para derrotar a Grendel y tantas mismas veces los habían enterrado con lágrimas de pena y desánimo.

Aquella noche, Beowulf y sus hombres se deleitaron con los manjares que les ofrecieron. Comieron, bebieron y escucharon las historias de Grendel. Los gautas imaginaron cómo sería la forma de matarlo, calculando la fuerza de sus espadas frente al grosor de la piel de la criatura e intentando deducir cuál sería el punto para infligir más daño en aquella fiera maligna. El *jarl* apenas comía: la desesperanza le roía el cuerpo porque ya había escuchado cientos de maneras de herirlo, de matarlo o de dormirlo.

Cuando la oscuridad comenzaba a imponerse y los cuerpos estaban saciados ya de comida, bebida y esperanzas, Hrothgar dio por concluido el banquete y pidió a todos los danos que se retiraran. El *jarl* quedó a solas con los gautas y les suplicó con todas sus fuerzas:

—Beowulf, hijo de Ekto, sobrino del *jarl* de Gotland. Nuestro reino llora lágrimas negras desde hace doce años. La sombra del horror nos invade por las noches. Te encomiendo que nos liberes del terror. En ti deposito mis ruegos y mis últimas esperanzas. Que los dioses te acompañen y te ayuden a clavar tu espada en el corazón de nuestra desgracia. ¡Cuanto quieras tendrás si no pierdes la vida en la dura batalla!

—Así será —fueron las dos palabras que pronunció Beowulf al inclinar la cabeza.

Luego hizo una respetuosa reverencia y despidió al *jarl*.

Los gautas permanecieron en la sala. Estaban dispuestos a pasar la noche en el palacio. Debían mantenerse atentos a la aparición de Grendel. Beowulf se quitó su armadura y, con ese gesto, sus compañeros fueron conscientes del tamaño de la confianza del héroe. La noche avanzaba lenta. El silencio aturdía a los hombres, que esperaban ya el ataque.

*

Un estruendo derribó de pronto las puertas del palacio y puso en guardia a Beowulf y sus catorce hombres. Un poderoso y extraño rugido lo invadió todo. Los gautas desenvainaron las espadas entre gritos furiosos, pero, en ese momento, uno de ellos ya había desaparecido sin opción de luchar, entre las fauces de la bestia.

Beowulf escuchó el último estertor de su guerrero, un horror que hizo crecer a la vez su desesperación y su fuerza. Ante él se encontraba Grendel. Aunque lo que vio se acercaba a algunos de los relatos que le habían hecho los danos, éstos habían sido tímidos a la hora de describir la insondable oscuridad que emanaba la bestia y su inmundo aspecto revestido de barro y coronado por una repugnante cabellera casi negra. Su rostro, sin una forma humana o de animal reconocible, estaba rematado por dos ojos flamígeros de los que emanaba el mal más puro. Beowulf supo que el mal no tenía rostros y que esos ojos que lo atacaban sin poder mirarlo eran lo más espantoso que había visto en todas sus batallas. Sus gigantescas manos —el héroe no supo cuántas eran— desembocaban en cuchillas capaces de triturar lo que se le pusiera delante. Beowulf, sin embargo, lejos de amilanarse, lanzó una estacada hacia el lugar donde, supuestamente, se cobijaba el corazón de la criatura. Pero aquella piel era tan dura que apenas si pudo hacerle un pequeño corte.

De pronto, Grendel lanzó un zarpazo que estuvo a punto de alcanzar a Beowulf, pero éste, con extraordinaria habilidad, se hizo a un lado, tomó la espada con dos manos y lanzó un golpe tan poderoso que cortó de un solo tajo uno de los brazos carnosos y con filo del monstruo.

El alarido que soltó la bestia hizo que se estremecieran los cimientos del palacio de Herot. Era un grito de espanto, de dolor, de terror, de huida. Era, sobre todo, el grito de la derrota. Grendel se deslizó hacia atrás a gran velocidad, como si su morada lo reclamara. Regresó a la ciénaga entre gemidos de dolor. Ese llanto que volvía a su infierno se fue alejando hasta que los guerreros dejaron de oírlo y el silencio volvió a apoderarse del palacio. Los hombres se buscaron las miradas, atónitos todos, sin terminar de comprender lo que habían vivido. Desde la aparición de la criatura habían transcurrido apenas unos minutos.

Beowulf sostenía con ambas manos el brazo sangrante de Grendel. Era una extremidad colosal, cubierta de un vello espeso e inmundo, con callos como si fueran pozos, y rematada por cinco cuchillas negras como la noche más oscura.

*

A la mañana siguiente el sol despertó a los habitantes del reino y, a pesar de la destrucción, todo parecía una fiesta. La alegría y la esperanza regresaban poco a poco al palacio de Herot. La gente se acercaba a contemplar la zarpa de Grendel que Beowulf y sus hombres habían dispuesto en el centro del salón como trofeo. Todos fueron invitados a una improvisada ceremonia en honor a los guerreros. El héroe fue aplaudido por todos los hombres y mujeres que empezaban a imaginar el mundo sin el monstruo. La esposa del *jarl* colocó en el cuello de Beowulf un collar que reflejaba el agradecimiento eterno de un pueblo a su salvador. Y ese día todo fue celebración y música y alborozo. Nadie estaba preparado para lo que iba a ocurrir después.

Esa misma noche, mientras Beowulf y los demás guerreros dormitaban agotados, con sus estómagos colmados y los ropajes manchados de cerveza, la tierra volvió a estremecerse. No podía ser Grendel. El monstruo, aunque no estuviera herido de muerte, parecía vencido. Al menos, por el momento.

Sin embargo, los hombres se percataron de que el temblor parecía mayor que el del día anterior. ¿Acaso podía existir otro ser más grande y monstruoso que la criatura que los había atacado y había devorado a uno de ellos?

Y, de repente, apareció un monstruo mayor que Grendel que parecía consumido por el dolor. Era la madre de la criatura la que atacaba a los hombres con su desenfrenada rabia.

Beowulf se incorporó veloz y se dispuso a luchar, pero antes contempló cómo la madre de Grendel devoraba a Aeschere, el guerrero más valiente de Hrothgar. Nadie pudo hacer nada para impedir que el monstruo volviera a su ciénaga con una presa en sus entrañas. Pero entonces Beowulf arrancó a correr, decidido, tras ella.

—¡Hrunting! —su compañero Unferth le tendió la espada con ese nombre, mientras intentaba seguir los pasos del héroe.

Los gautas que quedaban con vida se apresuraron a buscar el rastro de la madre de Grendel. Las huellas fueron su brújula. Avanzaron por los huecos en la tierra que habían tallado los ataques. En el camino encontraron la cabeza de Aeschere y uno de ellos la levantó con cólera y deseo de venganza. Caminaron enfurecidos, sin descanso, con las espadas desenvainadas, abriendo camino entre las hierbas, buscando la dirección del lago del espanto.

Llegaron a la ciénaga, que bullía incesante, y supieron nada más verla que ahí encontrarían la guarida de los engendros. Beowulf se zambulló, buceó, volvió a salir a la superficie y, por fin, se sumergió profundamente en el agua turbia. Sus compañeros lo vieron dar las primeras brazadas y después lo perdieron.

El héroe, buceando, muy pronto llegó hasta lo que parecía una cueva, donde pudo respirar. El silencio, sólo alterado por el burbujear del agua caliente, se impuso al terror, y lo maravilló. Se frotó los ojos, su mirada se fue acomodando y ante él descubrió el cuerpo de la bestia a la que había dañado, su piel gruesa, su enormidad y sus ojos, que ya no temían ni asustaban. Ahí yacía, sin vida, el monstruo que había atemorizado durante más de una década a un reino entero.

Beowulf caminó hasta él. Junto al cuerpo de la criatura reposaban los cuerpos de los hombres muertos a manos del Grendel y, al contemplarlos, le invadió la tristeza. Allí había muchos más de los que esperaba, se agolpaban por decenas, y, a su lado, el héroe descubrió, agrupadas en montones, las armas que habían intentado, en vano, acabar con la vida de la bestia.

De repente, del agua fétida se elevó un volcán y un alarido. Beowulf elevó su espada y contra ella se estrelló la madre de Grendel, pero el acero de Hrunting no pudo hacer nada contra una piel que parecía de roca. El metal se doblaba al impactar contra aquella carne de piedra y Beowulf no tuvo más remedio que recular y protegerse de las garras de la bestia, que lanzaba zarpazos de furia para acabar con el asesino de su hijo.

Todo el odio y la fuerza del universo estaban en esa lucha, pero Beowulf se sentía desarmado, limitado a esquivar las garras de la madre de Grendel, cada vez más furiosas. Las acometidas de la bestia llevaron a Beowulf a refugiarse detrás de los cuerpos de los guerreros muertos y las pilas de armas que los rodeaban y fue allí donde la vio.

Era una espada descomunal, con pocos adornos, seguramente forjada para que la empuñara un gigante. Quién sabe si para el propio Grendel. Beowulf la empuñó y trató de alzarla. Aunque no había tenido en sus manos un acero tan colosal como aquél, se sintió con renovadas fuerzas y lo elevó, apuntándolo a los ojos en llamas de la criatura, que lo había descubierto y se lanzaba hacia él.

El peso de la espada fue suficiente para rebanar limpiamente la cabeza de la madre de Grendel, que cayó rodando por la orilla de la ciénaga hasta caer en el agua, mientras su cuerpo se desplomaba sobre el de su hijo.

Entonces fue cuando el filo de la espada comenzó a fundirse. Era la sangre tóxica del monstruo que había vencido. Antes de que se desintegrara por completo el acero, el héroe se acercó al cuerpo de Grendel y cortó su cabeza. La espada se tiñó de rojo y, a continuación, se convirtió en ceniza. En las manos de Beowulf quedó tan sólo la empuñadura, que le quemaba, y rápidamente la lanzó al agua de la ciénaga.

Beowulf, cubierto de sangre, aferró en sus manos las cabezas de los monstruos. No se fijó en ellas, pero los ojos de las criaturas seguían abiertos, como mirando con odio la derrota. Nadó con ellas a través del agua gris de la ciénaga que, poco a poco, se fue aclarando; en el momento en que el héroe salió de ella, el líquido ya era cristalino.

Cuando Beowulf llegó al palacio de Herot con la cabeza de Grendel y la de su madre en las manos, fue el *jarl* quien se arrodilló ante él y le prometió riquezas. Después él entregó la espada ancestral Naegling.

—Que los dioses y nuestros antepasados te acompañen —le dijo Hrothgar al entregársela—. Eres grande y, como tal, deberás velar porque tu humildad y tu generosidad también te protejan.

Y tras grandes fastos, que duraron días, el *jarl* despidió con enorme gratitud al héroe y sus hombres, que regresaron a su hogar en Gotland. Selandia quedó en paz, bendecida por la fiesta y sabedora de que las noches ya sólo iban a traer sueños sin monstruos ni pesadillas.

EL FRESNO Y LOS DIOSES NÓRDICOS

YGGDRASIL El fresno primordial que sostiene a los nueve mundos. En sus ramas reposan Asgard, reino de los dioses aesir; Vanaheim, el de los dioses vanes; Alfheim, donde viven los elfos de luz; y Svartálfaheim, el reino bajo las montañas, donde vive la raza de los enanos. El centro del tronco lo ocupa Midgard, mundo de los humanos, separado por un enorme océano y la cordillera más alta de Jötunheim, reino de los gigantes. Y, por último, en las raíces del fresno están Muspelheim, el mundo del fuego, Niflheim, donde se extienden el hielo y las tinieblas, y Helheim, adonde transitan los muertos sin honor.

ODÍN Hijo de Bor y Bestla, los primeros gigantes, es el primero de los dioses aesir, soberano de Asgard que vigila los nueve mundos desde su trono Hlidskjálf del palacio de Valaskjálf, en busca de las primeras señales que marquen el inicio del Ragnarök, el fin de los tiempos.

THOR Hijo primogénito de Odín y de la giganta Jörð, es el dios del trueno y controla las tormentas gracias a su martillo Mjölnir. Vive en Asgard, en el palacio de Bilskirnir, junto a su esposa Sif.

LOKI Hijo del gigante Farbauti y de la diosa Laufey, es el más astuto de los habitantes de Asgard, nombrado en el panteón nórdico como dios de las mentiras o del engaño. Cuenta con el poder de la transformación.

FREY Hijo de Njörd, es uno de los dioses vanes —vinculados a la naturaleza— más poderosos. Se le asocia con fenómenos meteorológicos, sobre todo con la lluvia o el buen tiempo.

FREYA Hija de Njörd, es la diosa van del amor, la fertilidad y la belleza, y es invocada por las culturas nórdicas en las relaciones y en los partos, pero también para tener buenas cosechas. También se la asocia con la guerra y la muerte: no en vano en su palacio de Fólkvangr recibe a la mitad de los caídos en combate; la otra mitad es acogida por Odín.

VALQUIRIAS Entidades menores del panteón nórdico que servían a Odín y a Freya y cuya labor consistía en llevar a los guerreros caídos en batalla al salón del Valhalla, en Asgard, donde se entrenan eternamente para la batalla del fin del mundo, el Ragnarök.

© de esta edición:

EDITORIAL ALMA
Anders Producciones S.L., 2023
www.editorialalma.com
🔲🔲🔲 @almaeditorial

Concepto editorial: Anders Producciones S.L.

✻

Selección de contenido y prólogo:
LAIA SAN JOSÉ BELTRÁN
2023

✻

© de los textos:
ANALÍA SIVAK
2023

✻

© de las ilustraciones:
JUAN PALOMINO
2023

✻

Diseño de colección, ilustraciones
de portada y portadillas:
LOOKATCIA.COM

✻

Maquetación,
coordinación y edición:
EDITEC EDICIONES

✻

ISBN: 978-84-19599-34-6
Depósito legal: B-13577-2023

Impreso en España / *Printed in Spain*